TTS文庫

座右の書・完結編

人生の生き方研究会

JN109185

東京図書出版

序

　先に人生の「生き方」に関する書として、「再改訂新装版・座右の書」、「続・座右の書」をそれぞれ2016年、2017年に刊行致しました。

「再改訂新装版・座右の書」はそれ一冊で「人生の基本書」として、人生のあらゆる事態・状況に対応可能な書、また「続・座右の書」は「再改訂新装版・座右の書」の内容について試行を後押しし、それの継続・発展と成果を挙げるために必要な事柄を記述した「補助書」としてそれぞれ位置付けております。

　今回、刊行から数年経過した段階で見直した結果、それらの二書を合本し、書名も「座右の書・完結編」とあらためて、読者の便宜に供することと致しました。

　読者におかれてこの一冊を携行され（または手元において）、いつでも必要な時に開き、瞬時・適時に

示唆・助言を得られる書としてご活用いただけるなら、作者としてこれ以上の喜びはありません。

令和３年６月

著者　記す

第Ⅰ部

再改訂新装版　座右の書

第1部　目次

Ⅰ章　序　　言

　古来より多くの書籍において、人生の生き方・認識、必要な助言が多数提示されている。

　それらの中の本質的なものを捉えて、一冊の小冊子としてまとめ、携行可能としたものが誰にとっても必要と考える。

　すなわち万人の「座右の書」的なものであるが、このようなものは本来必要であり、また有るべきである（古今東西このような書籍は存在しない）。

　精神的・肉体的苦難のさなかにある人、人生の生き方に十分自得していない人に指針・よりどころとして、いつどこで読まれても必ず「支えになる」「頼れる」「それに人生を賭けられる」内容にてそれ一冊で全てを言い尽くしたものが現状のところ存在しない。

　その意味において、本書は万人の座右の書たらんとして出したものである。

　なお多くの書籍（人生論・哲学書・宗教書などの思

想書、他）が存在するが、説明不足・難解・矛盾した内容のため誤解もあり中途で挫折する危険性を多分に含んでいる。また本質的・実践的側面から観た場合、本質的事項以外の枝葉末節的内容を多量に含んでいること、それらを全て読まなければならない精神的・時間的負担、大部のため携行不可・必要としている助言がすぐ見つからない、また見つかったとしても真理と受け止めて信じていいかわからない、抽象的・一般的で具体性がなく実際の状況にどう対応していいかわからない、結果のみの記述でどうすればそうなるのかが不明、及びそれ一冊で必要事項を全て含んでいないなどのことから座右の書としては不適と考える。

　ただし、それぞれの思想（書）にはそれぞれの状況において存在意義・普遍的価値があり、それらの思想（書）そのものを批判・否定するものではなく、各人が奉じている信念・信条・宗教に基づいての行動を妨げかつ阻害するものではない。この小冊子においては、生き方の実践的側面からみた場合の必要最低限の基本（本質的）事項・認識のみ述べたが、それだけで十分座右の書としての役割を果たすものと考える。こ

れらの基本事項・認識を踏まえての実践により、各人における現実的に遭遇する諸問題への対応及び人生一般に必要な認識はそれを基本として発展・展開されていくものと考える。

II章　本　文

　本章では、この書における核心部分である「生き方に関する基本（最重要事項）」について記述する。

　この書では説明の便宜のため、仮の略号を用いて表現する。

▉ 仮の略号
- G……GOD の略（根元の神〈世界の古今東西で種々の「神」があるが本書では、おおもとの根元の方〉を指す）
- V……VOICE の略（内心の声）
- W……WORD の略（自問自答して得られた答え）
- P……POLICY の略（上記Gと共に一体となって歩むこと）
- F……FOUNDATION の略（本書で述べる思考〈決

断・判断〉の基礎・条件)

- M……METHOD の略（本書で述べる生き方の基本
〈最重要事項〉)

② 仮の略号（V・W・P・F・M）の詳細

1）V・Wについて

　思考（決断・判断）において具体的なGよりの目印（Gに基づいて行動するためにはどうすべきかがわかるGよりの目印）を持つことが必要（これには「V〈内心の声……Gより直接のご教示・ご指示、Gへの問いかけ・対話・求め・祈願におけるGよりの応答〉・W〈自問自答して得られた答え……わかりにくい場合、紙面での検討・確認は有効〉」がそれに該当するが、V・Wが、Gよりのものであることについて各人が心の中でGに対して取り決め必要）。

2）Pについて

　G（根元の神）のみが全ての人にとっての※「真正の愛」であり、Gと一体であることにより、個人を通して世界に流れ出るものと考える。

　※「真正の愛」……全ての人に対して、いついかなる状況の中でも通ずる愛であり（仮にその時、理解されずともいつの時点かで理解され必ず感謝され

る愛であり、また他者にとって真に益となるよう
な愛である）、人間の利己的なものが一切排除さ
れたものである。Gが人に要求されるのは「他
者に対する真正の愛」一項であり、それはこのP
（根元の神〈G〉と一体となって歩むこと〈意識と
して一体〉）により達成されるものである。

3）Fについて

本文のM実践にあたり、途中で挫折しないために具
備すべき基礎・条件がある。

その基礎・条件がFである。即ちFとは「思考（決
断・判断）において、あらゆるすべての要素を漏れな
く含んだもので、それらを瞬時に合理的（論理的矛盾
なく）に思考（決断・判断）ができると確信している
こと」である。

この能力は各人固有の訓練にて獲得可能。この能力
を獲得するため克服する課題を明確にして、ただそれ
を達成すればよく、自分自身でそのような能力が獲得
されたと確信できればよい。

平時においてそのような能力を獲得していることが

肝要。この能力は必須のものではなく、必要と思われる方がクリアすればよい（個人によっては、この能力獲得に非常な困難・苦痛を伴う場合や相当な期間を要する場合もあり）。不要と思われる方（自分自身の思考〈決断・判断〉能力に自信のある方・特に気にならない方）・能力獲得できない状況の方は不要。M実践時、厳密な意味において挫折を防ぎ、完全なM実践とするためのものである。……全ての要素を網羅したうえでの正しくかつ必然的な思考（決断・判断）・行為であるとの確信により、G・他者・自己に対して自信・責任をもって対処できる。

4）Mについて
「上記のFを克服し（必須ではない）、Pの状態でV・Wを信じてそれに忠実にしたがっていくこと」である。

❸ 生き方に関する基本・最重要事項

　以上より本書で述べる生き方に関する基本（最重要事項）は下記の□枠の内容である。

M実践（「上記のＦを克服し〈必須ではない〉、Ｐの状態でＶ・Ｗを信じてそれに忠実にしたがっていくこと」）が本書で述べる人生の生き方の基本であり最重要事項である。

注１：M実践において、Ｖ・Ｗに忠実に従わない場合は、忠実に実行した結果がわからないため真実の知見が得られない、また罪の意識が生じて不安になったり、信仰心が衰えるなど弊害の多々あることは、当然のことである。

注２：M実践は生きるうえでの基本でもあり、最先端の知見を得る方法でもある。

④ V・Wについての実例・見解、M実践その他についての見解

（必要に応じて参照。文中の「　」はVの実例である。また記述は順不同）

1）Wはどのような対象（人生・仕事上におけるすべての事項〈瑣末事から重大事に至るまで〉及び人生・仕事上のあらゆる局面での対応）に対しても適用可能である。

2）真理（判断・決断含む）を言葉にして明確に把握できるのはWのみ。例えば書物（人生論、哲学書、宗教書などの思想書、他）の中から、また経験の中から何を真理として捉えるかはWによる……真理の認識を形成するのはWによる。また正・不正の判別もWによってはじめて可能である。

3）「わたし（G）はあなたを救いの道におくであろう」

4）「全てのことにおいてわたし（G）を基^{もとい}としなさ

い」

5）「わたし（G）を最後まで信じ続けなさい」

6）決断・行動において、手段はいろいろあるがGに
　聞いて従うのが一番よい。

7）悟り・境地に上限はあるか？　Pは上限である
　（これ以上の悟り・境地はない。また生き方とし
　てはM実践が上限でありそれ以上のものはない）。

8）徳性はM実践により達成されるもの（各宗教の戒
　律、社会一般の規則、社会一般における徳性とい
　われるものなどが存在するが、それらはこのM実
　践により本質的に全うされるものと考える）。

9）人に知られずとも、これ（M実践）が最上の生き
　方としてひたすらM実践。

10）「わたし（G）はすべての修復者である」

11）最後まで頼れるのはGのみ。

12）「わたし（G）とともに歩め。いかなる苦難も乗り越えられるであろう」

13）Gは人が苦難・苦しみ・困難にある場合の「救い」として、また人の「（恵みと救いに到る）導き手」としておられる。

14）Gは情け深い方でもある。
人の過ち易いことをご存知であり、Gに寄り頼む者に対して、多くの過ちがあるにもかかわらずそれをも許され、有り余るほどの「恵み」を与えられる寛大な方である。また人心の奥底に有る秘めた願望をも叶えられる方である。きわめて苛酷に取り扱われているように思える時でもGはきわめて情け深い処置をなされている。

15）得心のいくまで何度V・Wにて聞いてもよい。

16) V・Wに対しては、内容がどうあろうとも（きび
　　しい内容、受け容れにくい内容）、真実として素
　　直に勇気をもって受け止めるべきである。

17) 自分を低くしなければ、あなた（G）と共にある
　　ことを得ません。

18)「わたし（G）はあなたがどこにいても、あなたを
　　救う」

19) どのような人のM実践でも、そのM実践そのもの
　　が何よりも貴く一番大事なものである（人の資
　　質・能力とは関係ない。また自己の中でもM実践
　　が何よりも貴い）。

20) あなた（G）は必要なものをすべてお与えになる。

21)「わたし（G）と共に歩め。何の欠けるところも
　　ないであろう」

22)「何もかもわたし（Ｇ）によって成し遂げられる
であろう」

23)「わたし（Ｇ）に出来ないことはない」

24)「あなたはすべてにおいてわたし（Ｇ）に聞きな
さい」

25) ただあなた（Ｇ）にのみ帰依する。

26) 救っていただけるのはＧしかおられない。

27) Ｍ実践によって、Ｇよりの感謝してもしきれない
くらいの「恵み」「救い」を体験する。

28) Ｇは人間からは究極的には「『全能』であられる
方」とのみ認識できる（人に対する「恵み」と
「救い」においても全能であられる）。

29) あなた（Ｇ）につながっている人が一番強い。

30）Wと現実の間に仮に差異が生じても、Gを信じ続
　　けることが大事。
　　Wと現実との間に差異が生じるのは防ぎようがな
　　く一時的なものであり、最終的にはWの通りとな
　　るか、または差異が問題とならないよい結末とな
　　る（M実践は一番よいやり方で事を処理する）。

31）今までも（現世でも）十分よくしてくださったの
　　だから、死に臨んでも（また来世にも）よくして
　　くださらないはずがない。

Ⅲ章　結　　言

　人は人生途上でいろいろな経験・苦難・苦痛を経て自分の力をはるかに超えた存在に気づくようになる。
　この人智をはるかに超えた存在には抗し得ないこと、また自分自身では何も為し得ないと悟ることが真の完全な生き方の出発点であると考える。

　本書で提示したM実践により本文（Ⅱ章　本文「④ Ⅴ・Ⅵについての実例・見解、M実践その他についての見解」）に示されている以上のⅤとⅥ（発展的・詳細な認識など）が与えられ、祝福された幸福な生を送ることができると確信する。また各人が現実的に遭遇する困難な諸課題についても克服（解決）が可能であり、加えて人生一般に必要な認識及び死後に対する認識はこのM実践を通じて発展・展開されていくものと考える。
　同時に、本書の内容が真実であることを実感される

とともに、Gに対して絶大な感謝の念も湧き出でるであろう。

　この道（M実践）は、だれでも・いつ・どのような状況の方でも実行可能である。

　意ある方はこの道（M実践）を歩まれることをおすすめする。

　世界の古今東西において人生及び宗教に関する膨大な書籍があるが、それらを総括した場合、実践的にはわずかこの書に記されていることをもって集約されるであろう。祝福された生を送るためには、多言を要さず本書の基本事項にて十分である。この基礎のうえに各人がどのような事蹟を打ち立てられてもGは嘉されるであろう。

　この小冊子を携行し、座右の書として必要な時に参照されれば、時々に応じて適切な示唆・助言を得るであろう。

参　考

　ここでの記述は、本書Ⅰ～Ⅲ章の内容について、どのようなものであるかについての理解を深める（参考にしていただく）ためのものであり、M実践そのものに関しては、基本的にⅠ～Ⅲ章の内容で十分であると考えます。

1 人生に必要な（欠くべからざる）言葉について

　本書Ⅱ章 4 － 2 ）にて、「書物の中から何を真理として捉えるかはWによる」と記述しましたが、その手法に基づいて「（真理としての）人生に必要な（欠くべからざる）言葉」として以下に参考として提示するものです。

　「人生に必要な（欠くべからざる）言葉」とは「生きていくのに本質的に必要であり指針となる言葉」であり、苦難・困難な状況に陥った際に「救い」「支え」

となり、また今までの人生に納得のいかなかった人に対しても納得のいく人生、また誰にとっても理想的な正しくまっとうな人生を送るための指針・指標となるようなものを含んだ言葉でもあります。ここに提示した言葉は、本書のⅠ〜Ⅲ章で示した内容と同じものと考えられ（既存の書籍から抜粋したものであり視点が異なるものの内容的には重複するものと考えます）、またこれらの言葉については本書のⅠ〜Ⅲ章で示した内容と併用しても特に不都合はないものと考えます（但し、これらの言葉は考え方〈観念〉を示したものであり、そのままでは実践できず実践する為には、M〈実践〉が不可欠であると考えます）。

　内容的には、キリスト教系の書籍の中から抜粋して提示したものではありますが（表現として適切と思われる言葉がキリスト教系の書籍に見いだされたため、そこから抜粋したものであり）他の宗教・思想を特に否定するものではありません。

　また、神の存在を前提とした内容ではありますが、神の存在をみとめないという人にとっても、もともと神は存在しており、恩恵を受けているものと思われま

す。

※ここで提示した言葉は、「人生に必要な（欠くべからざる）言葉」というものが実際に存在すること、そしてそれらについては、無数にあるものではなく、箇条として限られた数のものであると考えられること、そのような前提により、既存の多数の書籍のなかから自分の経験・読書範囲の制約の中でそれに該当すると考えられる言葉についてすべて列挙したものです。

※文中において「神」、「父」、「イエス・キリスト」、「主」は同じ方を指すものとして認識して使用しております。

※抜粋した各言葉には、コメントを付けましたが、あくまで参考であり、読者の自由な解釈を妨げるものではありません。

1. まず神の国と神の義とを求めなさい。そうすれば、これらのものは、すべて添えて与えられるであろう。

（マタイによる福音書6章33節）

神がよしとされる世の中、神がよしとされる義とは何であるかを究明し（それが最重要であることより）、それを実践していけばそれ以下のレベルのこと（例えば生活の糧〈衣食住〉）などは特に心配せずとも、それに付随して与えられるものである（神は人にとって何が必要かはご存じであり、生き方が上記のように基本的に神に基づいているなら〈これが一番重要であるが〉それ以外の瑣末的なことは顧慮せずともそれに添えて与えられるものである。……通常は逆になりがちであるが）。

2．もしも、あなたがたが、人々のあやまちをゆ
　　るすならば、あなたがたの天の父も、あなた
　　がたをゆるして下さるであろう。もし人をゆ
　　るさないならば、あなたがたの父も、あなた
　　がたのあやまちをゆるして下さらないであろ
　　う。

　　　　　　　　（マタイによる福音書6章14〜15節）

自分には厳しく、人には寛大でありたい（結果的に自分
のためにもそうありたい。人はどうしても自分にあまく
人には厳しくあたりがちである。これは神の目から観て
よしとされないこと〈他者への愛の観点からも〉、結果的
にも自分のためにもならないことであり、つとめて心掛
けたいことである〈自分がいかに過ちを犯しやすく、過
去に多くの過ちを見逃され許されてきたことを自覚する
なら、簡単に人をさばけないものである〉）。
自分が罪びとにさだめられないよう相手をゆるす、お互
い人をさばかないよう、罪にさだめないようにしたい。

3．だから、あすのことを思いわずらうな。あすのことは、あす自身が思いわずらうであろう。一日の苦労は、その日一日だけで十分である。

（マタイによる福音書6章34節）

日々自分に示される課題（仕事、人生）を達成していくことで十分である（それすらもなかなか完璧にはできない。また、簡単には達成できない困難な課題を示される場合もある）。明日の課題は明日また示されるであろう。

4．求めよ、そうすれば、与えられるであろう。
　　捜せ、そうすれば、見いだすであろう。門を
　　たたけ、そうすれば、あけてもらえるであろ
　　う。

（マタイによる福音書7章7節）

何事においても必要なものなら、あきらめず全力をつく
し勇気をもって、求め、捜せば、求めるものは与えられ、
捜すものは見つかるものである。例えば……、生き方に
ついて、神の御旨について、あらゆる疑問に対する答え
について、真理を見極める能力について、誤りなく思考
（判断・決断）が出来る能力……にしても、また人に教え
を請うため、人にものを頼むためにも勇気をふるって、
まず門をたたかねばはじまらない……等々。（要するに与
えられるまで求めつづけることが肝要である）

5. だから、何事でも人々からしてほしいと望む
   ことは、人々にもその通りにせよ。これが律
   法であり預言者である。

　　　　　　　　　（マタイによる福音書7章12節）

自分にしてほしいことを人々にもその通りにする。……
言葉は短いが、人生のどのような場面・段階においても
他者に対してどのように思い・行動すべきかを規定する
ものであり、また自分が将来どのような人間になるべき
かなども規定する非常に重要な言葉である。

6. わたしにむかって「主よ、主よ」と言う者
　　が、みな天国にはいるのではなく、ただ、天
　　にいますわが父の御旨を行う者だけがはいる
　　のである。

　　　　　　　　　　　（マタイによる福音書7章21節）

　　人の子は父の栄光のうちに、御使いを従えて
　　来るが、その時には、実際のおこないに応じ
　　て、それぞれに報いるであろう。

　　　　　　　　　　　（マタイによる福音書16章27節）

神は人の心をことごとくご存じであり、人に知られずと
も心から神を愛して、いましめを守り、神の御旨を行っ
ている者だけが、（思いと行いの程度に基づいてそれ相応
に）報いられるのである。

7. イエスは言われた、「『心をつくし、精神をつくし、思いをつくして、主なるあなたの神を愛せよ』。これが一番大切な、第一のいましめである。第二もこれと同様である、『自分を愛するようにあなたの隣り人を愛せよ』これら二つのいましめに、律法全体と預言者がかかっている」

（マタイによる福音書22章37〜40節）

イエスは答えられた、「第一のいましめはこれである、『イスラエルよ、聞け。主なるわたしたちの神は、ただひとりの主である。心をつくし、精神をつくし、思いをつくし、力をつくして、主なるあなたの神を愛せよ』。第二はこれである、『自分を愛するようにあなたの隣り人を愛せよ』。これより大事ないましめは、ほかにない」

（マルコによる福音書12章29〜31節）

「人が持っている（あるいは授けられた）すべての精神
的・肉体的な能力・はたらきのすべてをもって神を全力
で愛し」、「人を自分同様に愛すること」この二項は、科
学技術が進歩して、社会が進歩したと思える現在でも人
の生き方の基本である。
（あえて言うならば、他者〈神、人、生物、無生物など〉
すべてを愛すべきである。人生を生きるうえで一番大事
なことは他者に対する愛である。）
なお、神への愛の中で他者を愛するのであり（神への愛
に基づいてのみ真に他者を愛することができるのであ
り）その逆ではない。
なお、この言葉がここで挙げている他の言葉の基本であ
り、他の言葉はこの言葉から派生したものである。

8. イエスは彼らに近づいてきて言われた、「わたしは天においても地においても、いっさいの権威を授けられた（それゆえに、あなたがたは行って、すべての国民を弟子として、父と子と聖霊の名によって、彼らにバプテスマを施し、あなたがたに命じておいたいっさいのことを守るように教えよ）。見よ、わたしは世の終わりまで、いつもあなたがたと共にいるのである」

（マタイによる福音書28章18〜20節）

イエス・キリストは、現世においても来世においても一切を管轄する権能をもたれる方であり、常に、人とともにおられる方であるということである。イエス・キリストに全幅の信頼を寄せ、いつでも依り頼むのがよい。

9．イエスは彼に言われた、「もしできれば、と
　　言うのか。信ずる者には、どんな事でもでき
　　る」

（マルコによる福音書9章23節）

神は何でも出来る方（全能の方）であり、それを信じる
ならどんなことでも出来る。神への信仰とは神の全能を
信ずることである。

10. そこで、あなたがたに言うが、何でも祈り求
    めることは、すでにかなえられたと信じなさ
    い。そうすればそのとおりになるであろう。

（マルコによる福音書11章24節）

祈り求めることは、すでにかなえられたと信ずることに
より実際にその通りになる。この聖句は、苦難・困難に
遭遇した場合、病気になった場合、自分の将来像につい
て……等々、非常に多岐にわたって適用できる聖句であ
る。

11. 神はそのひとり子を賜ったほどに、この世を
　　 愛して下さった。それは御子を信じるものが
　　 ひとりも滅びないで、永遠の命を得るためで
　　 ある。

（ヨハネによる福音書3章16節）

神は人を愛されて、ひとり子なるイエス・キリストをつかわされ、彼を信じるものに、永遠の生命を賜るようにされた。自分としても、永遠の生命を賜るために、神とイエス・キリストを信じ、教えを請うのみである。

12. 父がわたしに与えて下さる者は皆、わたしに
　　来るであろう。そして、わたしに来るものを
　　決して拒みはしない。

（ヨハネによる福音書6章37節）

神への愛は人をイエス・キリストに至らしめる。イエ
ス・キリストの御前にまかり出る資格もない不完全で悪
に陥りやすい自分ではあるが、見捨てられているわけで
はないので、イエス・キリストにおすがりし、おそれな
がらもいつでも教えと救いを請い、依り頼むのがよい。

13. イエスは彼らに言われた、「よくよく言って
　　おく。人の子の肉を食べず、また、その血を
　　飲まなければ、あなたがたの内に命はない。
　　わたしの肉を食べ、わたしの血を飲む者に
　　は、永遠の命があり、わたしはその人を終わ
　　りの日によみがえらせるであろう」

　　　　　　　（ヨハネによる福音書6章53〜54節）

人は精神的にもまた肉体的にも、神を全面的に自分のな
かへ受容することが大事である。神の御旨を為し、永遠
の生命を賜るためには精神的な受容だけでは不十分で、
肉体的にも神を受容することが必要である。

14. イエスは彼に言われた、「わたしは道であり、真理であり、命である。だれでもわたしによらないでは、父のみもとに行くことはできない」

（ヨハネによる福音書14章6節）

イエス・キリストは、人が歩むべき道であり、人が信ずべき真理であり、人が望むべき永遠の生命である。人にあっては、全てにおいてイエス・キリストを基準として教え請い依り頼むのがよい。

15. あなたがたがわたしにつながっており、わた
　　しの言葉があなたがたにとどまっているなら
　　ば、なんでも望むものを求めるがよい。そう
　　すれば与えられるであろう。

（ヨハネによる福音書15章7節）

人が望みをかなえるために、どうすればよいかの要諦を
示した聖句である（神とイエス・キリストにつながり、
神とイエス・キリストの御心にかなう望みでなければな
らない）。

16. 永遠の命とは、唯一の、まことの神でいます
　　あなたと、また、あなたがつかわされたイエ
　　ス・キリストを知ることです。

（ヨハネによる福音書17章3節）

人は神とイエス・キリストへの絶大なる信仰（全能であ
られる信仰）によって永遠の生命を賜る。

17.「主の御名を呼び求める者は、すべて救われる」

（ローマ人への手紙10章13節）

苦難・困難に際して、神の御名を呼ぶなら、例外なく（人によらず、状況によらず）救っていただける（各人にとって一番よい方法で救ってくださる。時には思いもよらないかたちで）。

18. すなわち、わたしたちのうち、だれひとり自
　　分のために生きるものはなく、だれひとり自
　　分のために死ぬものはない。
　　わたしたちは、生きるのも主のために生き、
　　死ぬのも主のために死ぬ。だから、生きるに
　　しても死ぬにしても、わたしたちは主のもの
　　なのである。

（ローマ人への手紙14章7～8節）

人の責務は、『神と共にあって、神に従い、神の御旨を為
していくことである』（生きるも死ぬもそのなかのことで
ある）。

19. 時おり試練や逆境にあうのは、わたしたちに
　　とってよいことである。それらはしばしば人
　　をして自分にたちかえらしめ、人が地上では
　　試練の場所にあることを実感させるからだ。

　　善意の人が踏みにじられ、外からは侮蔑と不
　　信用とを受け、内では悪い誘惑に悩むなら
　　ば、そのときこそ彼は神の助けの必要なこ
　　と、神を離れて何事もなし得ぬことを実感す
　　るからだ。

　　（『キリストにならいて』第1巻　霊的生活のために
　　　有用な勧め　第12章　苦難と逆境とは有益である
　　　こと）

神の御旨を為していくという言葉は簡単であるが、実践
する時に、困難がともなう場合がある。その時こそ神の
力添えが必要であることが実感され、神に近づくよい機
会となる。

20. わたしたちは永遠の生命のためにあらゆる苦難を喜んで忍ぶべきではないか？

（『キリストにならいて』第2巻　内的なものについ
ての勧め　第41章　永遠の生命のため、すべての
試練に耐えるべきこと）

人は何としてでも、永遠の生命を賜らなければならない。
そのための苦難は喜んで忍ぶべきである。

21.　万事を忍ぶ覚悟をして愛する主のみ旨に合致
　　しようとしない人は、愛の人といわれる資格
　　がない。

　　　愛の人は愛する主のためにあらゆる艱難辛苦
　　をも甘受し、どんなに不快な事件が起こって
　　も、主から離れ去らない者でなければなら
　　ぬ。

　　（『キリストにならいて』第2巻　内的なものについ
　　　ての勧め　第48章　神の愛の驚くべき効果につい
　　　て）

愛の人は、愛する主のためにあらゆる艱難辛苦を甘受す
る者でなければならない。

22. 彼の心はわたしに対して真実であること、逆
境の時も順境の時と変わらない。

　彼は主の貴重な賜物よりもはるかに多く主の
愛情を思う。というのは、愛する主をもろも
ろの賜物にまさって尊ぶからである。

（『キリストにならいて』第2巻　内的なものについ
　ての勧め　第49章　真の愛ある人がためされるこ
　とについて）

神への愛は、自分にとっていい時も悪い時も変わらない
ものであるべきであり、神からの賜物よりもその本源の
神ご自身からの愛と神ご自身を何よりも尊ぶものである。

23. わが子よ、わたしの願いは、あなたが反抗も
　　せず不平も言わず、自我を全く放棄すること
　　を学ぶことだ。

　　（『キリストにならいて』第2巻　内的なものについ
　　　ての勧め　第59章　わたしたちは自分を捨ててキ
　　　リストに従うべきこと）

自我（自分の意思）を全く放棄して神の御旨に合致させ
ることが真の愛である。

24. わたしは生きている、あなたがわたしにより
  頼み、わたしに熱心に呼び求めるならば、こ
  れまで以上にあなたを助けようとして身構え
  ているのだ、と主は言われる。

  わたしは悩んでいる者をいやし、自分の弱さ
  を認める者をわたしの神性の高みにまで引き
  上げる者だ。

  （『キリストにならいて』第2巻　内的なものについ
  ての勧め　第60章　逆境のなかで忍耐強く謙遜で
  あるべきこと）

神の御心に添い、神の御旨を為そうとつとめていれば、
窮地に陥った時に、神に助けを求めるなら、必ず救って
くださる。また弱った魂も力づけてくださる。

25. あらゆる人がみな高貴な人たるべき使命を負うている。

　　　高貴な魂とは、全人類の向上により多く有効に献身しうるために、普通一般の人々が主としてめざす生活の利己的享楽を根本的に断念するような人々を言うのである。

　　　高貴の完全な典型はキリストである。

（『幸福論』第2部　高貴な魂）

人は神の道を歩む時にも卑小な魂ではなく、高貴な魂でありたい。
自分一個の利益追求、安寧を求めるのではなくて、世のため人のためにという気持ちが大事である。

26. ただ知的見地からしては決して明るくすることのできない暗闇の中に、燦然と輝くもう一つの点は、次のような思想である。すなわちわれわれがすでにこの地上において信頼すべき友であることを知った万物の主は、来世においてもまた、この世とまったく同じ方であるにちがいない、ただ、われわれは今よりもさらに密接に結ばれ、さらに明らかにその姿を知ることができる、という思想である。

(『幸福論』第2部　超越的希望)

人生における数々の試練をのりこえ、神は現世においても来世においても、全幅の信頼を寄せ得る方であるという確信をもてるようになるべきである。

「人生に必要な（欠くべからざる）言葉」というもの
を、該当書籍から抜粋し提示いたしましたが、どの書
籍も内容的に非常に優れたものであり、その中のほん
の一部の言葉を抜き出したものでよかったのか多少の
懸念はあります。

　もし上記の言葉のみにて納得がいかず、もう少し理
解を深めたい（選択した言葉の真意・背景なども含
め）と思われる方、また余裕のある方は抜き出した該
当の書籍（次ページの「引用文献」）をまとまったか
たちで読んでいただければと思います（自分として
は、既存の書籍において、「人生に必要な〈欠くべか
らざる〉言葉」はこの「引用文献」に全て含まれてい
ると考えております）。

※引用（参考）文献

- 『新約聖書』（日本聖書協会）

　　　　　マタイによる福音書

　　　　　マルコによる福音書

　　　　　ヨハネによる福音書

　　　　　ローマ人への手紙

- 『キリストにならいて』（教文館　由木康訳）

　　　　　第1巻　霊的生活のために有用な勧め

　　　　　第2巻　内的なものについての勧め

- 『幸福論』（岩波文庫　ヒルティ著　草間平作・大和
　　　邦太郎訳）

　　　　　第2部　高貴な魂

　　　　　　　　　超越的希望

❷ W（自問自答して得られた答え）について

　Wの方法、Wの適用例、Wによる見解については、どのようなものも考えられますが、参考として以下に提示します。

1）Wの方法……**参考例（順不同）**

- 望む答えを得るためには適切な（的を射た）質問の仕方が大事である。質問の仕方によって得られる答えに差が出る
- 複雑でわかりにくい場合、慎重を期す場合は、紙面での検討・確認は有効（Ⅱ章❷－１）にて既述）
- 選択肢が複数ある時、Wにてどれを選ぶか？（選ぶ時、yes or no で決める〈方法もある〉）
- Wにおいて「その他」「のみ」「手遅れ」「致命的なものなのか？　……取り返しのつくことなのか？」「不可抗力」は有効……下記
    - （問題解決のための対策案を出したが）「その他」はないか？（これで「全て」なのか？）
    - （該当するものは）これ「のみ」なのか？　こ

れら「のみ」なのか？

- (仕事が手間取っているが)「手遅れか？」「まだ間に合うか？」「手遅れ」でなければまだ「まだ間に合う」として慌てることもない

- 失敗・事故などが「致命的なものか？（取り返しのつかないことなのか？）」「そうでないのか？（取り返しのつくことなのか？）」取り返しのつくことであれば単純に安んじて修復に向かえばよい

- 何かをやろうとするが、「取り返しのつかない（致命的な）問題が起きないか？」「大丈夫か？」……これを確認して「（致命的な）問題も起きず取り返しのつかないことも起きない」ということであれば安心して実施できる

- 失敗したが「不可抗力」であり避けられないものであったか？
  （「不可抗力」でどんなにしても避けようのなかったことなら失敗の現状を受け容れることができ、次のステップに進められる）

- (検討してきたが) これが「答え」「結論」なのかど

うか？

- （ここまで検討したが）この結果で「いい」のか「だめ」なのか？

- 何が「必要」であり、何が「不要」か？

- それを「やるか？」「やらないか？」

- これで「完成か？（終了か？）」「完成していないか？（未完？）」

- 「そうすべし」なのか？「そうした方がよい」なのか？

- 「守った方がよい」ことなのか？「厳守すべきこと」なのか？

- 「やるべきことか？」「やるべきでないことか？」「やる必要があることか？」「やる必要のないことか？」

- 「迷うこと」、「不明なこと」、「疑問点」はWにて明らかにしていく

- 「求めるもの」「該当のもの」（ex. 対応案）は何個あるのか？

- Wにての問いは非常に大まかなものから極く細かいものまで、重大なことから瑣末なことまである

- 判断（選択）は下記の通り……（モデルとして）

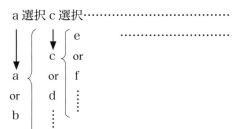

a 選択 c 選択・・・・・・・・・・・・・・・・・・・・・・・・・・・・・・・・・・

2）Wの適用例・・・・・・参考例（順不同）

- 人生の岐路に立った時（進学、就職、結婚など
  ・・・・・・）、困難に遭遇した時など（遭難、病院選び、
  落ち込んだ時のリカバリー・・・・・・）に適用できる

- 何らかの問題に対して討議を重ねてきたが、もう
  「結論」を出していい状況か？　下準備として意見
  は出そろったか？

- 数多くの情報があるが、どれが「真」なのか？

- 現状をどう「認識」・「判断」するか？（現状、何ら
  かの問題があり改善すべきでは？）未来の「予測」

は？（これだけの対策をうてば問題は解決〈好転〉
するか？）

▪ この仕事は自分に「出来るか」「出来ないか」「やる
べきか」「やるべきでないか」

▪ 理想的な仕事の進め方とは何か？　何らかの適当な
モデルがあるか？　なければ自分の経験をもとにや
るしかないか？

▪ プロとなるには何をしなければならないか？　その
道の第一人者となるには何をしなければならない
か？

▪ この仕事はどう進めてよいかわからない。何かとっ
かかりはあるか？　あるとすればそれは何か？

▪ ○○（勝利、経営、仕事……）に関する（成功の）
方程式というものがあるか？

▪ 書類作成した時に、必要なことがすべて書かれてい
るか？（同時に修正すべき点はないか？　削除すべ
き点はないか？）表現はこれでよいか？

▪ 問題に対する解決策は思いつくだけ出し、その中
から対策を選択する（yes or no で〈という方法もあ
る〉）。その時、いくつ対策を選ぶのか・どの対策を

選ぶのか・それですべての対策か・その他にあるの
では、など確認する

- 何かをするためにすることの案出しをするが、それ
らが「すべて」であるか？

- 今、決断すべき時？　実行すべき時なのか？　（決
断の準備は整ったか？　下調べは終わったか？　既
に検討する時は終わって実行の時か？）

3）Wによる見解……**参考例（順不同）**

- すべてを知り尽くすことはできない。最低限、「生
き方」を知る

- 人生に必要な（欠くべからざる）言葉というものは
あり、箇条として限られた数のものである

- 「生き方」が根本であり、他の領域（経済・科学・医
学・工学・哲学・思想・宗教・芸術……）は「生き
方」を全うするために（「生き方」に対して相互に
補完するような影響を及ぼし、「生き方」のなかで
道具的役割をも果たすものとして）存在するものと
位置付けられる……（次ページの図）

- 難しく考えていること（頭から難しいものと決めつ

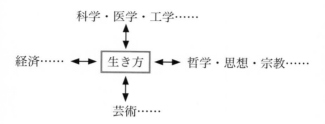

けていること）が多いが難しいものはない、難しく
思えてもあらためてWにて確認していくと案外簡単
に処理できるものである

- ものごとは「計画を立てて」進めた方がよい（効率
  よく、より速く、より多く仕事ができる）

- 人との折衝時は「事前」に検討案をまとめておく
  （自分の得たい結論は何か？　どこまで譲歩できる
  か？）

- Wに対し得られた答えについては、内容によって
  「通しで守るべきもの」「都度守るべきもの」がある

- M実践は、人が歩むべき道であり、真理であり（真
  理を把握する手段でもあり）、幸福・健康（身体に
  キズを受けたりもしない）・長寿・仕事能力の向

上・美・すべてにわたる祝福感……につながるもの
である

❸ Ｖ（内心の声）について

1）Ｖ（一般）について

　参考として実例を示すと下記の通りです。

- 「わたしは太古の昔から存在しており、すべてを司（つかさど）るものである」

- 「わたしにとって、すべては可能であり、出来ないことはひとつもない」

- 「わたしは意のままに事を為す。わたしの思いはだれにも窺（うかが）い知ることはできない」

- 「わたしは未来永劫あなたがたを救い、励まし、すべての希望の言葉を授け、人を癒やす業（わざ）を為すものである」

- 「わたしはすべてを従え、わたしにつき従う者にあらゆるよいものの中で最もよいものを与えることが出来る」

- 「すべての人を正しくよい道に導いてすべての人がわたしを崇めるようにする」

- 「わたしに出来ないことはひとつもない」

- 「わたしによって希望を得、癒やされ、なぐさめを

受け、すべての苦痛と苦難から解き放たれる」

- 「望むものはすべて得られるであろう」

- 「わたしのところに来るがよい」

- 「すべての人は迷いのなかにあり、わたしはそれら
をすべて解き放つであろう。迷う心をとりはらい、
迷うことなく勤めを果たせるように、心を調え、
迷いを打ち砕く」

- 「わたしにすべてを捧げなさい。すべてを得るため
に」

- 「わたしに全身全霊をもって仕え、愛し、心から仕
えなさい」

- 「わたしを常に眼前に置き、わたしによって支えら
れ、導かれ、わたしによってすべてのよきものを
得、わたしによってさいわいを得る。すべてはわ
たしに帰する」

- 「わたしのところに来るものはすべて拾う」

- 「わたしはすべての報償者であり、すべてを顧みる
ものである」

- 「わたしがすべての統治者であることを忘れないよ
うにしなさい」

- 「わたしのところへ来なさい。答えはすべて用意されている」
- 「わたしによらずば何もできないであろう」
- 「わたしは知恵の宝庫である」
- 「わたしをすべての中に置き、それを基準として物事を考えるのである」
- 「わたしによらずば正義ではない」
- 「わたしによってすべての人は生きるであろう」
- 「わたしにすべての課題を告げよ。わたしはすべてを解決するであろう」
- 「わたしのところへ来るがよい。難題を抱えて苦労する人は」
- 「あなたはわたしによって救いを得る。苦しみのもとを断ち切るのである」

- 「わたしに忠実であれ」
- 「わたしはあなたの救いの為に助言する」

- 「わたしに従う意思の他、何ものもあってはならない」

- 「わたしの他、何ものもなくわたしを心の基（もとい）に据えて、わたしを心から愛し仕えるのである。わたしだけのことを考えなさい」
- 「わたしのことを心の底に据えてわたしと共に歩みなさい」
- 「すべての人はさいわいを得る、わたしに出来ないことは何ひとつないであろう」
- 「わたしには心を満たすすべての宝庫がある」
- 「どこへ行っても満たされないであろう。わたしを除いては」
- 「どこにもあなたのさいわいはないであろう。わたしの御旨をなす他は」
- 「わたしをすべての基（もとい）としなさい」
- 「わたしからすべてのよきものは出るであろう」
- 「すべてのさいわいの元となりなさい」
- 「すべてわたしによらないでは何も出来ない」
- 「どこへ行っても満たされない」
- 「わたしはすべての救いのもとである」
- 「だれも助けてはくれない」
- 「わたしのみがすべてを為し得る」

- 「なにもかもがあなたがたの益となるであろう」
- 「わたしによってすべての人はさいわいを得る」
- 「わたしに喜び仕えなさい」

- 「わたしに心から仕えるのである」
- 「あなたに全ての想いを注入するであろう」
- 「わたしをしっかり受け止め仕えるのである」
- 「あなたのことを日々支える」
- 「いつでもわたしに依り頼むがいい」
- 「苦痛ばかりの世の中にあって星のごとく全ての人を誘うのである」
- 「わたしの心を全ての人に伝えよ」
- 「全ての人を支え愛し慈しみなさい」
- 「わたしは全ての人を支えるであろう」
- 「すべてわたしによらないことは悪である」
- 「わたしの慈しみを受け衷心から仕えなさい」

- 「わたしのことを全てにわたって尊ぶのである」
- 「わたしは未来永劫あなたがたを救うのである」
- 「わたしの一切を受けよ」

- 「わたしにすべてを託せ」
- 「わたしは一切を最適に処理して、最善の道を渡らせるであろう」
- 「わたしのところへ来るものは全て喜びを得る」
- 「わたしの御想いは貴く何ものにも替えがたい。全てを祝福する」
- 「わたしに従って歩むことにより大いなる財宝を得る」
- 「わたしは無尽蔵にあなたがたをもてなす」
- 「わたしに向かって感謝の祝宴をあげよ」
- 「あなたはどこにいても恵まれる」
- 「わたしにはあなたがたを癒やすわざがある」
- 「わたしと共に歩め。わたしにつながっているものは全て祝福を得る」

- 「わたしは全ての人を引き連れて天国へ行かせる」
- 「わたしが用意するのは全ての人の憩いの場である」
- 「永遠にわたしのものとなれ」
- 「わたしから奪う者はなくあなたも安全である」
- 「いつでもわたしの想いを感じ取るものでありなさ

い」
- 「わたしによらずば何者も安息を得ない」
- 「わたしが用意するのは最も安全な場である」
- 「すでに多くの人を導いた」
- 「その中のひとりとなるのである」
- 「どこへ行っても満たされない」
- 「どこへ行っても苦悩はある」
- 「どこにもあなたの安全な場所はない」
- 「勤めを終えたら憩いの地へ誘う」
- 「もうどこへ行くこともない。そこで永遠の平安を賜り安全で争うこともなく穏やかに憩うのである」
- 「もう全てはわたしのはからいに任せなさい」
- 「自分で動くことはない。全てはわたしのはからいによる」
- 「自分を捨て、わたしと一体になるのである」
- 「自分を捨てなさい。全てにわたって」
- 「恵む。これ以上ないくらいに。もうどこにも行かないでよい」
- 「わたしの憩いの地にとどまれ。わたしのあふれるばかりの恵みを受けなさい。もうどこにも行く必

要がない。わたしと共にあれ」

▪「わたしの為に働け。わたしの葡萄園で働け。報い
　は大きい」

▪「もうどこにも行く必要がない。存分な分け前を受
　け取れ」

▪「わたしは全てを報いるものである」

▪「わたしを崇め感謝の祈りを捧げなさい。もうどこ
　へも行かない。わたしのもとで働け」

▪「わたしは教え、諭し完全なものにするであろう」

▪「わたしの薫陶により、不完全から完全なものへと
　変えるであろう」

▪「もうどこへも行かない。最後まで面倒をみるであ
　ろう」

▪「迷うことなくわたしに救いを求めなさい。わたし
　は全能の主であるからどんな状態からでも救うこ
　とが出来る。不可能はない」

▪「わたしは全てを救い、命を保たせるであろう」

▪「もう人に頼るな。わたしにのみ救いはある。わた
　しはもうあなたを何度も救った。これからも救う
　であろう。感謝しても感謝しきれないくらいの恩

72

を感じるであろう」
- 「今より後もわたしに救いを求めよ。わたしは全て
  に応えるであろう」
- 「わたしに忠実に従ってきなさい。わたしの想いに
  従順であれ」

- 「わたしの想いは、全ての人をわたしのそばにおら
  せることである」
- 「わたしは、あなたがたを永遠の憩いの場に連れて
  いくであろう」
- 「どこにもそのような場はない。わたしに従ってく
  る他には」
- 「あなたのところへ、わたしはいつも訪れている」
- 「あなたにとってわたしは愛の訪問者である。愛の
  使いである」
- 「あなたに気づいてもらうことを願っている」
- 「あなたをいつも見守っている。あなたに気づいて
  ほしいと願っている」
- 「あなたを永遠の愛で包んでいる。だれも気づいて
  くれない」

- 「わたしはあなたの行く末を見守り、わたしに守られ、わたしのふところにいてわたしを忘れている。気づいてほしい」

- 「あなたの望みを全てかなえるであろう」

- 「何もかもがわたしによって導かれ、守られ、励まされ、力を得て生きているのにわたしを忘れることが多い」

- 「わたしは、あなたを遠くから見守り、心の底からあなたがたを愛している。わからないことが多い。わたしの存在に気づかない。わたしを忘れがちである」

- 「わたしのことを想うのは困った時だけである。良くも悪くもわたしがそばにいることに気づいてほしい」

- 「わたしの想いは、あなたがたにわたしの存在を気づいてほしいということ。そしてどこへ行ってもわたしを忘れないこと。他にはない。それだけである」

- 「わたしはあなたがたに全てのことを告げる。あなたがたの癒やし、平安、励まし、力添え、勇気そ

れら全てを与える」

- 「これまでも度々あなたがたの導きとなり、心の中に希望の星となって、あなたがたの為に心を砕いてきたが、なかなか気づかれない」

- 「わたしのことを心に留め、わたしのところで勤めを果たすのである」

- 「全てをわたしの意向に任せなさい。これまで以上にあなたがたを愛する。このことを喜び、待ち望んでわたしの為に働くのである」

- 「全て待ち望め。もうどこに行くこともない。わたしのそばに永遠に居れ」

- 「わたしは日々、あなたがたに語りかける。わたしを全ての友の友とせよ」

- 「わたしを信じて害を受けたものはいない。莫大な益を与えるであろう」

- 「全てにわたってわたしをみとめよ。わたしの想いは全ての人がわたしのことに気づき、信頼に足るものであることをみとめることである」

- 「すべて救いはわたしから出る」

- 「すべてわたしに従う者は救いを得る」
- 「わたしには何ら欠けるところはない」
- 「わたしによってすべての人は救いを得る」
- 「すべてわたしによらないでは心の平安を得ない」
- 「一度ならず二度も三度もそして幾度も救うであろう」
- 「世には悩みがある。すべての悩みを消し去る」
- 「人からの救いは空しい」
- 「人を拝んでも何も得られない」
- 「わたしは諸々の悩みから救い上げて、すべてを癒やす」
- 「わたしによってすべての人は癒やしを得る」
- 「一度ならず二度も三度もそして幾度も」
- 「わたしのみ拝むに値する」
- 「わたしによって救いを得、さいわいに至るであろう」
- 「わたしによって救いを得、人は健やかになる」
- 「わたしは一切を按配し、すべてを顧み、すべての報いについて吟味する」
- 「ただわたしに依り頼め」

- 「すべて報われる」
- 「わたしによって報われ、大いなるさいわいを得る
   であろう」
- 「わたしの一切をあげてあなたがたを救う」
- 「あなたがたの喜ぶさまが見えるようである」
- 「もうどこへも行くな」
- 「わたしによって救いを得、諸々の良きものを受け
   取り、希望に満ちて歩み、わたしのもとでしっか
   り働くのである」
- 「一度ならず二度も三度もそして幾度もあなたがた
   の為に働く」

- 「どこにおいてもわたしを心に留めなさい」
- 「あなたの行くところどこへでもわたしはあなたと
   共にいる」

- 「わたしの言葉はすべて癒やし・慰め・希望に導い
   てわたしに仕えさせ、さいわいを与えるものとし
   て告げられるであろう」
- 「多くの人にとってわたしはすべての想いを超えて

豊かな恵みをもたらすもののように思えるであろう」

- 「恵みは尽きることはない。仕えるものは豊かな恵みを受けて、日々わたしに感謝し、力の限りを尽くしてわたしを崇め仕えることになろう。どこにもいない。わたしのような神は」

- 「わたしに心から従い、すべての道を歩んでさいわいに生きる」

- 「わたしの意に適うようわたしの言葉を忠実に守りなさい」

- 「わたしの意図は明白である。誰にもわかる」

- 「わかった上で、注意深くそれらの言葉を謹んで受け止め、わたしの意に適うよう全力をつくして従うのである。それ以上のことは出来ない」

- 「わたしはすべての報償者である。わたしはすべて報いるであろう」

- 「わたしのような報償者はいない。すべてを知り尽くした上で、すべての人の気持ちを満たし得るものをとめどなく繰り返し繰り返し報うであろう」

- 「だれもわたしに不足を言う者はいない。絶対にない」
- 「わたしより他には、そのようなことの出来る与え主はどこにもいない」
- 「わたしより他には、満たし得るものはどこにもいない」
- 「わたしは、すべての癒やし、慰め、希望、救い、諸々の労苦を荷ってあなたがたを最後に至るまで、わたしの所に来るまで、すべてを包み込んでわたしの所へ来させるであろう」
- 「そこは、わたしが用意した憩いの地、そこは一切の労苦を捨てて楽しむことの出来る地であり、永遠の安息が豊かに保たれる地でもある」
- 「そこには、わたしの使徒たち、多くの身を捧げた人、心の底からわたしを愛し仕えまつった人、すべての有徳な人らが集う所であり、争いもなく戦うこともしないで、穏やかに憩いすべての良きもの、心を満たす多くの富、多くの食物があり飽きることはないであろう」
- 「わたしはすべてを良くする。わたしに従った者は、

最後に目を疑うような大いなるさいわいをもって
遇することになろう」

- 「ただただひたすらわたしに仕えるのである」
- 「すべてはわたしのはからいである。もう既に多く
  の人を遇した。あなたもその中の一人となって、
  わたしのそばでわたしと共にあって永遠の契りを
  交わし、わたしにすべてを捧げ、わたしに従い、
  永遠にわたしを崇め、喜び、わたしをほめたたえ
  よ。永遠に仕えるのである」

- 「わたしに従いなさい」
- 「わたしに身も心も預けて安心して依り頼むのがよ
  い」
- 「すべての面倒をみる。生き得る限り」
- 「すべての人はわたしによって日々の糧を得る。
  日々養っているのである」
- 「重荷を負担し、あなたがたの荷を軽くする」
- 「すべて面倒なことはわたしに任せなさい。わたし
  がすべてにわたって最善に解決する。わたしに出
  来ないことはない」

- 「重荷を抱えて苦労している人は、わたしに来てわたしにすべてを預けなさい。わたしが軽くするであろう」
- 「わたしのところには誰をも拒まずに来ることが許されている。誰もが許されている」
- 「わたしにとってはいとたやすいことである」
- 「これからも日々わたしのところで働き励め」
- 「毎日、わたしは課題を与え、その課題に向かって全力で立ち向かうのである」
- 「わたしが示す課題はすべてにおいてあなたがたに益がある」

- 「わたしによってすべての人は、豊かに潤う」
- 「わたしによらずば、枯渇し、潤いもなく、心の中に麗しき一輪の花も咲かない。美しき心の花園も無きに等しい」

2）Ⅴ（テーマ別）について
　参考として実例を示すと下記の通りです。

①「永遠の生命」について（ヨハネによる福音書３章16節……）

「これがわたしがあなたがたに与える唯一の比類なき報いである。

これを賜るために愛し仕えるのである。これ以上のものはない。

あなたの生き得る間の目標として心に抱き続けなさい。

これのみが唯一の比類なき報いである。

この報いを得るために励め。

わたしによって必ず報いを受ける。励むのである」

②「全能」について（マタイによる福音書19章26節……）

「わたしはそのような唯一の者である。

他にはいない。わたしはすべてを叶える。すべての報償者。

わたしによってすべては救いを得て生きる。

わたしがそのようなものであることを確信してわ

たしの道に勤しむのである。

わたしを信じて報いからもれたものはいない。必ず報いる。

わたしの『全能』を信じなさい。

わたしがそのような者であることを確信して、わたしと共にあり、わたしに従い、わたしの御旨を為すのである。必ず報いる」

※「全能」という言葉について

「『全能』という言葉をそのまま受け取るのである。すべてのことはわたしに任されている。わたしの全能を信じなさい。まったく無条件である。何の条件もない。どのようなことも出来るということである。

それ以上のことはない」

③「善」について

「わたしに愛し仕えることが善行である。

わたしによらないことはすべて悪である。

わたしによりなさい。

わたしはすべての良きことの出る源であり
　　わたし以外を求めるのは悪である。
　　わたしを求めなさい。
　　わたしから出るものはすべて善である。
　　悪を捨て善をとりなさい。
　　わたしによって善を世界にもたらすものとなりな
　　さい」

④「悪」について
　「わたしによらないことはすべて悪である。
　　わたしへの不信は悪である。
　　わたしへの全幅の信頼はすべて善きことの基本で
　　あり、わたしを不十分に愛し信ずるのは全き善と
　　はいえず悪に陥りかねない。
　　わたしへの全幅の信頼を取り戻しなさい。
　　わたしへの十全な信仰はあなたの生活を祝福され
　　た諸々の良きもので満たす。
　　わたしへの信頼なくして生活は空しく実を結ぶこ
　　とはない。
　　わたしに立ち返れ。全てをあがなう。

　わたしによってさいわいな人生を送れるよう不信
を捨ててわたしに立ち返れ。
　わたしによって繁栄は戻り豊かな収穫をもたらす
だろう。
　わたしを唯一の主と崇めさいわいに至れ。わたし
に愛し仕えまつれ」

⑤「理想の生き方」について
　「理想の生き方とは、わたしを眼前において、
　日々、愛し仕え、わたしを信頼し、すべてのこと
　においてわたしをみとめ、わたしを崇め、日々
　の勤めを果たすこと。他にはない。それだけであ
　る」

⑥「生きるために必要な言葉」について
　『座右の書』で示したもの（本書参考 **1**）でよかっ
　たのでしょうか？
　他には？
　「あれで十分である。あれだけで十分生きていけ
　る」

死後についてもあれでよかったのでしょうか？
「生死を貫いたものとなっている」

⑦「Ｇ（根元の神）」とは
「わたしはすべての宗教の基（もとい）である。
　わたしによってすべての宗教は成り立っている。
　わたし以外のものを崇める宗教は廃（すた）れる。
　わたしは永遠にすべての人、宗教の基としてすべてを統括する。
　どの宗教もわたしを崇めるべきである。
　どうしていろんな宗教があるのか、それは観るひとによって異なるからである。
　とにかくわたしを崇めよ」

⑧「人生の必読書」について
「聖書、キリストにならいて、幸福論の３書である。
　全部が必要ということはない。部分として必要。
　その部分とは、
　聖書は、新約聖書、とりわけ４福音書、他にパウ

ロの手紙などである。
キリストにならいてでは、すべて必要。
幸福論は第2部の『超越的希望』、『高貴な魂』な
どである。
他には特にない」

⑨「人生の目的」について
「目的ではなく目標があるのである。
永遠の生命を賜る目標がある。
万事を一事に集約して賜ることが唯一の目標であ
る。他にはない。
目的というものは特にない。
すべてがそのことに向かっている」

⑩「聖書中の奇蹟」について
「あったかどうかではなく、それがあり得ることで
あるということが大事である。
それは今でも可能である。
わたしにできないことはない。
すべてあったこととして差し支えない。

なかったのではない。

すべて真実とみなせる。

不思議なことではない」

何の意味で奇蹟というものがあるのでしょうか?

「わたしが全能であることを示すためのものである」

⑪本書の「真正の愛」について

「真正の愛は、わたしにつながっていれば、あなたがたを通して与えられる愛である。

それは、わたし自身である。

わたし自身以外でそれはない。

わたし自身を示すことが真正の愛である」

⑫「G（根元の神）の御旨」について

Gと共にあり、Gに従い、Gの御旨を為す……このことは間違っていますか?

「まちがってはいない」

Gと共にあり、Gに従っていれば、Gの御旨を為したと同じと考えていいでしょうか?

「そうではなく、わたしをすべての中心に据えてわ
　たしと共に歩み、わたしに従い、そうしてわたし
　の善しとするところを行うこと、わたしの喜ぶこ
　とを為す、わたしはその時に示す。わたしはすべ
　てわたしのすることを示す。それに従う、それが
　御旨である。
　　わたしを第一に置くのである。わたしを喜ばすこ
　とを全力で行うこと。
　　御旨とは、わたしの善しとすることを行うことで
　ある。それだけである。
　　その時に示す」

⑬「病気の癒やし」について
「癒やしはすべてわたしから出るものであり、医療
　をとおしての時も、直接に癒やすこともある。
　　医療に頼ってもよい。信仰はいつも篤くはないで
　あろうから。
　　医療によって治るものは医療で治せばよい。罪で
　はない。
　　わたしによって出来ないことはない。

すべての病を癒やす。どんな病でもすべて癒や
す。
わたしに出来ないことはない。
わたしにきけばすべて治る」
何の為に、薬とか医療があるのですか？
「癒やしはわたしから出るものである。
道具として薬、医療がある。
わたし自身が癒やすこともある。
信仰の不足を補うためのものである」

⑭「信仰」について
「信仰についてはわたしをとことん信ずること、そ
れだけである。
最後の最後まで信じ通すこと、それが大事であ
る。
それがないなら何の関係もない。
わたしを信じ切ることを旨とする。
それだけである」

⑮聖書中の「叙述の相違」はなぜか

　「わたしをいろいろな人が観るために相違が生まれ
　る。

　　その中から真実をつかみ取るのである。

　　それは出来ることである。

　　相違があっても真実は伝わるものである。

　　相違のない方がおかしい。

　　あって当然である。

　　その中から真理をつかむのである」

⑯旧約（聖書）と新約（聖書）について

　「新約は旧約を土台としている。

　　旧約を通して新約が理解できる。

　　旧約をひと通り知っておくことは大事である。

　　ただし生きるための言葉としては新約がふさわし
　い。

　　新約は旧約を土台にして成っている。

　　旧約をひと通り知り、そのうえで新約を理解す
　る。

　　そうしてはじめて新約が理解できるのである。

ただし言葉としては新約が重要」

⑰「来世」について
　「よき来世を望むなら現世を立派にやり遂げること
　　である。
　　わたしの御旨を為し、すべてにわたってわたしを
　　基としてわたしを崇め、愛し仕えて、わたしの目
　　に貴いものとして生きることである。
　　わたしはそれらすべてを報いる。
　　わたしはすべての報償者である。
　　わたしを崇め仕え、すべてを塵芥としてわたしの
　　みを第一として尊ぶこと。
　　ほかにはない」

⑱「死」について
　「肉体の死はある。だれにもある。
　　しかしわたしへの信仰により永遠の生命を賜り、
　　死はなく永遠に生きる。
　　わたしへの信仰により報いを勝ち取れ。
　　わたしはすべてを報いる、永遠の生命までも。

わたしによって失望するものはいない、必ず報いる。

わたしを信ぜよ、わたしに依り頼んだ者は報いからもれることはない。

必ず報いる、信ぜよ、最後まで」

⑲「罪」について

「わたしの全能を信ずることである。

それによって罪はあがなわれる。

全能を信ずることにより死から命へ移っているのである。

わたしによって命を得る。

わたしに救いを求めて、から手で帰った者はいない、必ず報いる。

罪を離れてわたしへの信仰をもとに戻せ。

わたしは決して軽んじない、わたしによって幾多の悪人が改心し命を得たことか。

改心して命を得よ。わたしはすべてを報いる。わたしのみ救う。

わたしの他にはそのような神はない。

わたしのもとへ戻り命を得よ」

⑳「神とキリストを知ることが……永遠の生命」（ヨハ
　　ネによる福音書17章3節、本書参考 **1** － 16）につ
　　いて
　「わたしの全能を信じて永遠の生命を得る。
　　全能を信ずるのみである。
　　徹頭徹尾信じること、それのみである。
　　わたしがそのような者であることを確信して」

㉑「……つながっていれば……望むものを……」（ヨハ
　　ネによる福音書15章7節、本書参考 **1** － 15）につ
　　いて
　「わたしの御旨を為すものはすべて望むものを得
　　る。
　　わたしと共にあって、わたしの業（わざ）を為すものであ
　　り叶わぬことはない。
　　必ず叶う。
　　わたしがそういう者であることを知っているはず
　　であるから」

㉒「神の国、神の義」（マタイによる福音書6章33節、
　本書参考 **1** － 1 ）について
　「神の国も神の義もわたしがあなたがたにあたえる
　　もの。
　　神の国、神の義を希求してわたしの御旨を為せ。
　　それらは事に当たって示される。
　　わたしにつながってわたしの為そうとすることに
　　ついて知ることである。
　　わたしのことを基においてわたしの為そうとする
　　ことを知ることである。
　　あなたがたにそれらを示す」

4 読者からの手紙への回答

回　答

　本書『座右の書』を購入いただきありがとうござい
ました。そのうえコメントまでいただき重ね重ね感謝
申し上げます。コメントの内容を拝見させていただ
きましたが、自分の生き方について真摯に向き合い、
日々向上を心掛けられておられる宗教心に富んだまじ
めな方であると推察いたしました。このようなまじめ
な方に対して、道をあやまられることのないよう適切
なアドバイスができるか自信がありませんが、とにか
く自分の思うところをメッセージとして以下にお伝え
いたしますので、あとは自身の判断にて対処してくだ
さるようお願いいたします。とにかく自分の書いたも
のが、真に貴殿の人生にいささかでもお役に立てれば
という思いです。

　一方で、この書籍についてはあくまで自分の経験を
もとに書き著したものであり、書いた自分だけがわ
かっており、読む人に対して十分理解いただけるよう

な配慮が欠けていたのかもしれないとあらためて自戒
しているところであります。したがって独断・偏見が
入り混じった内容・具体性がなく抽象的な表現であ
り、はじめて読む人には、理解しがたいものとなって
いたかもしれないとあらためて思う次第です。

　下記に自分の思うところを記しますが、あくまで私
自身の見解であり、貴殿にはあくまで主体性を損なう
ことなく、自分自身の思い・感性を大切にして対処し
ていただきたいと思います。

　そこで本書（『座右の書』）について、もう少し理解
を深めるために補足説明をしておきたいと思います
が、そのために自分の過去の経験を少し以下に記しま
す。

　はるか昔の高校時代に自分にとって致命的とも思わ
れる挫折を経験したことがあり、大学に入ってそれま
での自分の生き方について反省し、また自分としてど
のような生き方をすればいいのかを模索した時期が
あって、多くの書を濫読いたしました。その途中でヒ
ルティ著の『幸福論』に出会って感銘をうけ、ヒル

ティ流のキリスト教というものが、自分の行くべき道ではないかと考えるようになりました。それに伴い、それの周辺の書『聖書』『眠られぬ夜のために』『キリストにならいて』などを繰り返し読破いたしました。

　その結果、自分の生き方は、端的にいえば「神を全面的に信じて、神の声に従って行動する」ことであると考えるに至りました。

　就職後もその生き方を実践していましたが、現実の問題に対し適切な内容でタイムリーに「神の声」というものが自分の心のなかに聞こえることがほとんどなく（現実の問題について具体的にどう対処していくかということが「神の声」として聞こえることを切望しているにもかかわらず。簡単な例でいうと、なんらかの選択をせまられた場合、Aを選択するかBを選択するかについても、何の「神の声」も聞こえて来ず、結局なりゆきか又はひとの意見で決めてしまうというような有様であり）、また「神の声」を聞いて行動するということ自体があまりにも受け身的であって、すべてが神まかせとなり、自分で考えて行動することができなくなってしまったこともあり、3年で仕事上の破

綻をきたしてしまいました。また同時に結婚の話もありましたが、上記のように自分で結婚するか否かの決断を下すことができないままずるずると婚約までしたものの、結局破談となり、おおいに傷つく結果となってしまいました。

　このことから「神に従って行動する」には「神の声」だけでは現実的に対応できず、まず「誤りのない思考（判断、決断含む）ができること」が前提であり、具体的にどう行動するかという明確な目印となるものが必要であると考えるに至りました。

　それのためにどうすればよいか考え、それを克服する課題を明確にして、それを実行いたしました（自分の場合はカントの『純粋理性批判』を読破する課題を自分に課し、それが完了したらその課題を克服したものとすることとし、自分で自由に思考出来る資格があるものとみなすことといたしました）。途中では病気にもなり、仕事上でもいろいろと失敗続きでしたが、何とか達成することができました（結局、仕事上の破綻から数えて10年程度の長い歳月を要しました）。

　それ以降、思考（判断・決断含む）について自分に

取りついている枷がはずれたようになり、自信がついて、「神の声」だけでなく「自問自答しての答え……自問自答する場合は自分で自由に思考できることが前提」をも神に従う際の目印にして行動できる（行動する資格があると思える）ようになったことから、仕事上においても人生においてもすべてが好転しだしました。自分の頭のなかで混乱していなければ（自分の弱点を克服して自信がつけば）外的にも物事がうまく運ぶことを実感しました。

　そこであらためて『聖書』を読み直すと、神に従って行動できるためには「神と一体の意識」という条件も必要であると気づきそれも加えて、『座右の書』の中のM実践という仮説に行き着いたわけです。

　（神については、それまで漠然と『聖書』の神を神として考えていたに過ぎず、上記の仮説を設定したあたりから、どの神を基本として信仰対象とすべきか考えるようになったわけで、初めから「根元の方」としていたわけではなく、また複数の神々を神とすることは迷い・混乱のもととなると考えられたため、神々に序列があるとしたなら、「おおもとの根元の方」を「神」

として信仰対象とさせていただくこととしました。
……既存宗教における信仰対象が「おおもとの根元の
方〈本書のG〉」であるか否か？　については各人の
判断によるものと考えます）

　ある仮説が真であるか否かは、観察→仮説の設定→
仮説の検証が必要であり、上記のM実践についてもそ
の後、仕事上、人生面において現在まで検証を重ねて
きましたが、結果としては、すべて良好との認識でい
ます。途中時点で予測どおりにならないことも多々あ
りましたが（だまされているのでは？　などと思った
りしたこともありますが）、神を信じてだまされたよ
うに思ってもその度に信じ直して何度でもあきらめず
に行動していけば、最終的にはすべて良い結果となっ
ています（途中経過としてはあやふやな試行錯誤と無
駄な努力と失敗の連続で課題の達成は到底不可能なの
ではないかと疑い、失望しかける時もありましたが、
すべては神の神聖な御指示と受け止めるべきであると
思って実行した結果、最終的には必ず正しい答え・結
果に行き着いています）。

　もし自分がこのM実践というものに思い至ること

なく生きようとしていたなら、人生・仕事においてどんなにひどいことになっていたか……、迷った時にどうすればよいかが示されなかったら……、幾多の困難な状況・窮地を乗り越えて来られただろうか……、これだけの成果を挙げられただろうか……、こんなレベルの高い仕事を達成できたか……、人間的にも仕事的にもこんなにレベルアップできただろうか……、自分の所属する組織に対して十分な貢献ができただろうか……、こんなに幸せな満たされた人生を送れただろうか……、また今まで生きのびてこれただろうか……等々枚挙にいとまがないくらいで、こんなに弱く過ちだらけの人間を「支え」、「導いて」下された神に只々感謝あるのみという思いです。

　また、人間の側で精一杯のこと（考え得る全てのこと〈人としてできる全てのこと〉）をしていれば、神はその努力・思いをお認めになり、人間側の不備（不完全）を補って、全てにおいて完全なものとして達成させてくださる（助けて〈救って〉くださる）ことを度々実感いたしました。結局のところ人間の努力というものは、限られたものであり、神は人の思い（何と

かしなければという思い）とそれに伴う行動を評価して
くださるものと思っています（とはいえ、いつも神
の御厚意に甘えて、責務を完璧に全うしようとする
気持ちを忘れて〈いい加減なことをして〉はならない
ということを肝に銘じておかなければなりませんが
……。少なくとも神の助力はもともとないものである
と考えて責務に対処する気持ちが大事と考えます）。

　また、このような過程を経て、仕事面・人間的にレ
ベルアップし、それまで自分よりはるか上の存在と思
えた人をも凌駕したように感じました。

　人生というもの、また自分の責務は、自分なりに端
的にあらわせば、『神と共にあって、神に従い、神の
御旨を為していくこと』と思われます。
　それのために、自分として、上記の「誤りのない思
考（判断・決断含む）が出来ること……Ｆ」、「神と一
体……Ｐ」、「神（内心）の声……Ｖ」、「自問自答して
得られた答え……Ｗ」をもってのＭ実践という仮説を
設定したわけです（他に強いていえばＶ・Ｗの他に霊

感〈インスピレーション〉のようなものも挙げられるかもしれません〈実際、M実践していくなかで、突然ひらめくインスピレーションのようなものも有り、また意図せず自然に、心の中にアイデア・気づき“認識”が湧出したり、或るものを見たり聞いたり読んだりすること、或ることを為すこと、また人との出会いによっての気づきで新たな認識を得ることもまれではありません。そしてその中には非常に重要な認識も度々含まれていることはたしかに事実であり、その気づき“認識”の質と量を追求することも非常に大事であり、Wによっての追求も時には必要なことと考えます〉。しかしそれらのインスピレーション・アイデア・気づき〈認識〉をもとに最終的にどのように考え、どのように行動するかは、Wによって明確にする必要があり、あえて霊感等は取り上げませんでした）。

　とにかく、「神の御旨」を為すべきであり、神御自身がそのように望まれるのであれば、人に対して何らかのかたち（人が理解しうるものであり、納得できるかたち）でどのように思い、行動すべきであるかを神は必ずお示しになるに違いないと考えます。

　そうでなかったら人はどうして「神の御旨」を為し
ていくことができるだろうか？　（今、為そうとして
いることがまさに「神の御旨」であると信じられるで
あろうか？　実感できるであろうか？）と思うわけで
す。

　神から何も示されずに、単に「神の御旨」を為すべ
きであり、神御自身がそのように望まれるということ
であるなら、人は何をすべきなのか、すべきでないの
かがわからず、常に「神の御旨」に背くかもしれない
状況に置かれて、神の怒りのなかでずっと責め続けら
れることにもなりかねません。これは誰にとっても、
不当な要請であると考えられるものです。が、神はと
きに人の思い上がりを挫き、人の弱さを思い知らせる
ために（人生は自分の利己的な思いを遂げるためのも
のではなく、神の御旨を成し遂げるためにあること、
神によらなければ人は何も成し遂げられないこと）そ
のようなこと（事前に何も示さず、間違い・罪を犯し
たら罰する）をされることはあり得ると考えます。

　本書のM実践については誰にとってもこれ以上のも

のはないというものを提示したものですが（神の御旨を為す〈探る〉ことを主眼として、その目印〈具体的行動としてどうすればよいかがわかるもの〉となるものとして、経験上及び考えられるすべてのもの〈Ｆ、Ｐ、Ｖ、Ｗ……但しＦは必須ではない"本書Ⅱ章**2**－3"〉を挙げたものであり、これ以上のものはないと思うものです）、自分の人生経験からみた時も自分にとって確信の持てるものである（自分にとってこれ以上のものはないという確信が持てる）ということから世間一般に紹介したものです。

　だれでも確信の持てることは犠牲を払ってでも冒険的なことを思い切ってできるが、多少の疑念があるときは、二の足を踏んでしまい、ちょっとしたこともなかなかできないものです。また自分が間違いのない正しい生き方をしていると迷いなく確信できれば、困難・苦難もわりと耐えやすいものです。

　結局のところ、人生は各人が自分の信念に従って生きるしかないものであり、人の意見は参考にするしかないものと思います（人生において少なくとも一度はさんざん苦労しないと、その人なりの真理の把握・信

念というものはできてこないものかもしれませんが
……）。

　各人にとって、結局は各人の信念、自分の肌で身に
つけたものが一番力強いものであると思います（した
がって本書『座右の書』を読まれてどうされるかは個
人の自由であり、個人の判断に委ねられるものと思い
ます。とはいえ、本書の内容について納得され共感い
ただける方について、本書のM実践の試行を妨げるも
のではありません）。

　※本書『座右の書』に関しては、非常に短い小冊
　　子ではありますが、M実践に際して実践可能と
　　するための本質的事項のみ述べたものであり、
　　現実的対応において必要な詳細事項は実践者が
　　ひとりでに想起されて、思考（判断・決断含む）
　　の材料となり、対応可能となることを企図した
　　ものです。自分としては、他に書き著したい多
　　くのことがあったにもかかわらず、それらすべ
　　てを枝葉末節なこととして省略した経緯もあり
　　ますが、これがかえって理解をさまたげている

ということならもう少し詳細な補足説明も今後必要かもしれません。

※文中の『座右の書』は本書Ⅰ〜Ⅲ章を示す。

※人生論・宗教書などは、主に美徳（愛、信仰、善、神の御旨、神の義、種々教理の類……）の観念とその成果について記述されているものですが、その成果を出すための具体的行動及び「具体的行動に至る方法」についてはあまり詳しく述べられていないものが多いと思います。ところが現実の人生においてはその観念を具現化して、具体的行動として落とし込み、成果を出すことが常に求められます。しかし観念と具体的行動の間にはギャップがあり、それを各自の創意工夫（努力）でもって埋める必要が出てきます（成果を出せる具体的行動の一つ一つに落とし込むための「具体的行動に至る方法」を各自で探す努力〈試行錯誤のようなもの〉が必要となってきます）。

また、それらの書では（美徳の）観念とそれの具体的行動例及び成果について或るモデルケー

ス的なものが示されてはいますが、現実の人生
はより複雑で、かつ多種多様の状況がありその
ままあてはめることは出来ず、その都度どう対
処していったらよいかがよく分からない場合が
多いと思います。

（観念と成果は理解できても、成果を出すための
具体的行動そのもの・「具体的行動に至る方法」
についてどうしたらよいかよく分からない場合
が多いと思います）

現実的には、現実に発生する諸問題・諸課題に
おいて、「具体的行動に至る方法」に従って具体
的行動に落とし込んで成果を出すことが、美徳
的な観念の発露（具体例）となるものと考えま
す。

本書で提示したM実践（Ｖ、Ｗ、Ｐ、〈Ｆ〉）に
ついては、上記現状に鑑み、観念そのもの及び
観念と具体的行動の間にあるギャップを埋める
一方法について提示したものです（「具体的行動
に至る方法」をも提示……それが分かれば自ず
から成果を出せる具体的行動の一つ一つに落と

し込むことができる。「具体的行動に至る方法」を分かることが重要ポイントである）……下図参照。

したがって、**参考⑤ 私見**（p113）において、①M実践、②人生に必要な（欠くべからざる）言葉、③「神と共にあり、神に従い、神の御旨を為していく」はその精神的意味合い・内容は同じものと解する旨を後述していますが、②・③は観念としてのもので、観念として理解できてもそれそのものでは実践不可能であり、具体的行動に落とし込むことが出来ないため、実践

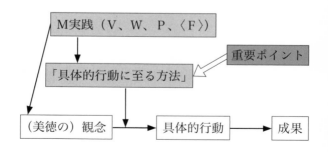

可能（具体的行動として落とし込むことが出来る）とするためＭ実践を提起したものです。

いくら立派な美徳の観念があっても、それを実際の具体的行動として具現化することが十分にできなければ、それらは思いの中に留まり、宗教的瞑想生活としては許されるかもしれませんが、実人生上で用をなすには不十分なものと考えます。

そしてそれらの美徳の観念をすべて包含し包括したものとして、具体的行動に移る際には（経験上、もしＧのみが善であり、真正の愛であると認識し、Ｇのご意向に従おうとする思いがあるなら）、各人においてＧより示される何らかのシグナル・目印・規範に則って行動するしかないものであると考え、そして各人が各人なりのそれらに基づいて、経験し、試行錯誤を繰り返しながらＧのご意向に従うことに熟達していくしかないものと考えます。そのように考えた時、それら（Ｇより示される何らかのシグナル・目印・規範）について十分かつ明確に表現され説

明されている書があるかと言われれば、自分の経験では見当たらないように思われ、それらがどのようなものであるかを示すことが（具体的行動のように目に見えるものではなく、各人の心中でのステップであり、オモテからは見えないため、重要なステップであるにもかかわらず問題視されることはほとんどないものの、潜在的には）真に必要とされているのではないかと考えます。そのようなことから、本書のM実践はそれを全てカバーするための一つのツールとして提起したものでもあります。

5 私見

　これまで述べたことについて総合的に判断すると、（自分の中では）下記の見解となります。

1）見解

　『生き方』、「神と共にあり、神に従い、神の御旨を為していく」、本書の「M実践」・「人生に必要な（欠くべからざる）言葉」は、その精神的意味合い・内容においてすべて同じものであると考えられる（下図参照）。

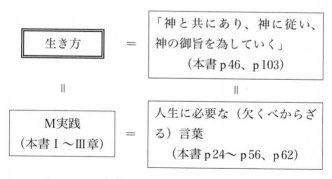

　※なおp110を参照下さい。

2）M実践　概念（イメージ）図

　※参考までにM実践を図示（イメージ）すれば下
　　図のようなものとなります。

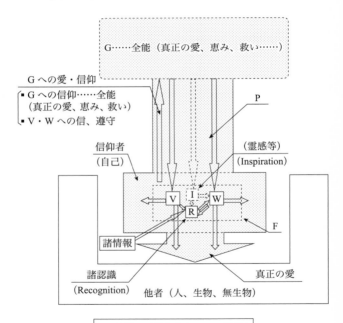

M実践　概念（イメージ）図

3）最後に

　人生をどう生きるかについては各人にとって永遠の
テーマでもあり、喫緊のテーマでもあります。

　しかし、人間は肉体的寿命においては有限であり、
どこまで行っても完成を見ることのない到達し得ない
目標について模索し、追い続けることは不可能です
（即ち、完全ということは永久にありえず、完成した
生き方というものもない、どこまでいっても学ばねば
ならない、これだけでよいというものはない〈これだ
けを念頭において生きる・究めるというものはない〉
というようなことを人間に求めるのはあまりにも過酷
であり、できないことのように思われます）。

　従って、どこかの時点で、自分なりの「完全と思え
る人生の生き方（自分として納得できるもの）」とい
うものを見出し、自分に折り合いをつけることが不可
避です。

　（まわりからの圧力と〈そのようにしないことが〉許
容されないことから、そうせざるを得ない状況に追い
込まれることにもよります。ただし「完全と思える人
生の生き方」を実践していく過程において修正・改善

すべき点があると気付いた〈判断された〉なら、当然
そのようにすべきと思われます）

　とにかく知りたいのは、生きていくために必要な考
え方・言葉、もしくは理想的な生き方とはどのような
ものであるかを知りたいのであり、そのようなものが
本当にあり、既存の書籍に記されているとしたなら、
どの書籍に記されており、その中のどの言葉なのかを
知りたいのである。そしてそれらは、有限個なのか無
限にあるのかなどである。また、それらの考え方・言
葉を知ることだけではなく、それらを現実に即して具
体的行動に移す方法というものをも知ることも必要で
あり、それを忠実に実行できる実行力（能力・資質
〈勇気、忍耐力、誠実さ……〉）も当然必要です。それ
らのことを知り、何をなすべきかが分かったとしても
実行できなければ何の意味もありません。

　とはいっても、実行力を問う前に、まずそれらの考
え方・言葉を知って何をどうなすべきかが先に分かっ
ていなければならず、それが分からないことが大きな
障害になっているものと思われます。

　実行できない理由・原因として、自分がやろうとす

ることに確信が持てないこと・必然性がないと思われるということ（何をどうなすべきかが十全かつ明確に分かっていないこと）が実際には意外と多いと思います。

　まず「確たること」を知ることが大事であると考えます（「確たること」かどうかを知るためには、過去の経験、先人・他の人の知見などを参考にして「確たること」と思えることを試して（実行して）検証してみるしかありませんが……。ここに失敗と試行錯誤が発生する要因が潜んでいますが、人生の過程において避けて通ることのできない宿命のようなものと考えます〈人間である限り、まったく失敗と試行錯誤のない人はいないものと思います。但し真摯に取り組んでいる限り必ず正しい答えに行き着くものと考えます〉）。

「確たること」を知ることは、例えていえば……地図を持って旅行する、海図にしたがって船が航行するというようなことであり、行き先と途中の経路・危険個所、非常時の対応などを事前に把握して旅行・航行す

るようなことと思われます。旅行の際に地図を持つか持たないかは個人の自由ではありますが、地図を持って行った方が安全であり（それでも道に迷う、不慮の災難に遭遇するなどが予想され、持たない場合には非常に無謀かつ危険な旅行となるものと想定されます）、まして船にいたっては他人の生命をも預かるものであり、海図なしで航行することなどありえないと考えます。

　以上のような背景が各人の人生のある段階では必ずあるものと想定し、その際の参考になるかもしれないという思いで（自分の経験も踏まえて）提示したものが本書であり、そのなかのM実践において当初、必須の事柄についてのみ（本書Ⅰ〜Ⅲ章）提示するつもりでいましたが、M実践がどのようなものであるかについての理解を深めていただくための認識についても提示すべきと思い至り、**参考**（p24以降）として追記いたしました。

　※本書を刊行するにあたり、人生とは（人生の基

本書の考え方・言葉及び自身の体験による諸認
識に基づいての）『生ける神』との直接的なコン
タクトであり、G及びV・W（Gの御旨の表徴）
を第一として尊ぶことが肝要であるとの思いを
強くしています。

あ と が き

　まず、このような拙著を手にとっていただいた皆様
方に感謝申し上げます。

　本書は無名の一般人である自分の人生（六十余年）
の経験・知識をまとめ、その集大成として出したもの
です。
　書名については、読者に携行して必要な時にいつで
も参考にしていただけたらという思いで「座右の書」
といたしました。このような崇高かつ遠大な使命をお
びた書名に対し、浅学非才の身でありながら、「世の
ために」少しでも自分の人生経験が役立てばとの思い
から、無謀なこころみではありますが、おそれながら
も世に出した所存です。
　このような小著で人生全体を語ること自体まことに
暴挙であると思われるかもしれませんが、人というも
のは時には「ちょっとした或る一言・或る行為」が
決定的な（或いは一時的にでも）「救い（希望・励ま
し）」「悟り（気づき）」となることもあり、内容的に、

過不足なく要点をおさえた適切な表現となっていれば、必ずしも大部である必要はないのではないかとも考えます。

　また本書を読まれて、内容的に不備・誤謬があると思われる方もおられるのではないかと想定されますが、その際は未熟な作者の不徳・力不足・不注意によるものと察していただき、好意的にとらえて寛大な御心にてご容赦くださるようお願いするものです（本書については、自分の経験が世のために役立つかもしれないという思いで紹介した意味合いもあり、参考になれば参考としてくださいという趣旨のものでもあります）。

　また、表現の不適切・不備により、十分理解されないのではないかとも予想されますが、それらを超えて、作者の真意をくみとっていただければさいわいです。

　（なお、賢明な読者諸兄からのご批判を覚悟のうえですが、本書については誰にとっても座右の書〈基本的にこの書一冊で、人生のあらゆる事態"苦難・困難含む"において必要な助言が得られ対応が可能、理想の

人生を送ることが出来る。この書一冊で人生を生きて
いける〉としての使用に堪え得るものと自分として確
信しております）

　最後に、この書を手にとっていただいた方にとっ
て、本書が良き人生・良き仕事への一助となるなら
ば、作者としてこれ以上の喜びはありません。
　※本書の内容について参考とされる場合は、自己
　　責任において（損害賠償はできませんので）参
　　考としてくださるようお願い申し上げます。

　平成28年10月

　　　　　　　　　　　　　　　　　著者記す

第Ⅱ部

続・座右の書

ま え が き

　先に刊行した前著『再改訂新装版　座右の書』
（2016年11月29日既刊）においては、「人生を生き
る」にあたって、人生全体に必要・必須・不可欠・基
本と思われる考え方（認識）・心がけ・言葉（支え・
助言・指針となる）などをすべて網羅して提示いたし
ました。前著は言わば、「人生の基本書」としての位
置付けであり、それ一冊で人生のあらゆる事態・状況
に対応可能なものとしてまとめたものです（携帯可能
として、いつでも必要な時に参照し得るものとして）。
本書はそれに対して、「補助的なもの」であり、前著
で「基本・最重要事項」として提示した「M¹⁾実践」
について、その実践を試みようとする方に対して、試
行を後押しし、維持継続を支えて発展させ、成果を出
していただけるようにするために、必要と思われる認
識を主として提示したものであります（本書の内容に

---

¹⁾ METHOD の略（本書で述べる生き方の基本〈最重要事項〉）。

ついては、例えば数学における基本公理〈前著〉から導かれる各種の定理・公式の一部のようなものであり、有用な認識〈知っていれば役に立つ認識〉として理解していただければよいものと思います）。

　構成としては、

　　　Ⅰ章　Ｖ（内心の声）
　　　Ⅱ章　問答集（問答によるＶ〈内心の声〉、Ｗ
　　　　　　〈自問自答による答え〉による認識など）
　　　Ⅲ章　Ｍ実践の心がけ（独白）
　　　Ⅳ章　ことわざ・名言
　　　Ⅴ章　Ｍ実践による「人生の課題」の認識
　　　Ⅵ章　総括

としております。

※本書は「Ｍ実践」を、より多くの方に知っていただき、役立てていただくために前著に追加したものであり（本書のみでも、「人生への理解」には十分役立つものと考えていますが）、前著と併せ

て「人生の糧」として活用いただくことについて
も配慮しております（もちろん、前著のみを「人
生の拠りどころ」とされてもそれはそれで十分と
考えます……）。

※本書は前著を一読されて理解いただいたうえで、
　併読されることをお奨めします。

※以下、特に断りがない場合、『座右の書』は『再
　改訂新装版　座右の書』を指します。

平成29年7月

　　　　　　　　　人生の生き方研究会

第Ⅱ部　目次

Ⅰ章　Ｖ（内心の声）

　Ｖ[2] の実例を以下に参考として提示します。

「わたしにはすべての叡智を蔵されている
　誰にとっても有用な認識はどこにあるのか
　わたしの蔵に収まっている
　わたしに聞けばすべてがわかる、聞くならたちどこ
　ろに答えるであろう
　すべてわたしに聞くものは答えを得る
　どこにいても答えるであろう
　わたしの答えは完全で混じりけなく最も適切な答え
　となる
　どのような難問も解く
　人にはできない問題もわたしにはいと簡単である
　たちどころに答えるであろう

---

[2] VOICE の略（内心の声）。

人にはできなくてもわたしにはできる
答えに窮したならわたしの所に来るがよい
どのような難問も解く
すべての問いに答える
どのような問いにもこたえる
難問は解決する
たしかな答えを供するであろう
わたしにとってできないことはない
答えはわたしにある
解決に困ったならわたしの所へ来るがよい
すべて答える
難問難題はわたしによって解かれる」

「わたしには心を満たす宝庫がある
わたしの所に来るものはすべてさいわいを得る
ただひたすら従うのである
人をかたより観ず公平なはかり縄でもってすべてを
裁くであろう
すべての思いをわたしに集中せよ
わき目もふらずわたしに対しなさい

余計なものはすべて差し置きなさい
どのような思いも無駄にせず顧みる
いっさいをわたしに傾けて対しなさい
どこにもわたしのような報償者はいない
わたしはすべてを顧みる
いっさいを傾けてわたしに従いなさい
わたしはあなたがたの心をすべて満たす
どのようにしてもあなたがたを救いの道に導く
いっさいをあげてわたしに向かいなさい
時々に必要なことを指し示すであろう
事細かに至るまで指し示す
わたしに向かうものは、から手で帰らない
諸々のよきものでもってあなたがたに対する
いっさいをあげてわたしに従いなさい
心の底にある望みもすべて叶えるであろう
すべてはわたしに帰する
どこへいっても恵まれることはない、わたしの他は
わたしの蔵は無尽蔵である
すべてにおいてわたしの意向を探りわたしの意に適
うようつとめなさい

わたしはいっさいをあげて報いる
諸々の宝を授ける
よきものはすべてわたしから出る
心の中に不純なものがあってはならない
純粋にわたしを求めなさい
だれもわたしに刃向かう者はない
わたしはすべてを統べるものである
すべて報われる、わたしの意に適うものは
すべてを報いる、わたしは惜しみなく与えるであろ
う
若年老輩限らず報いる
若くてもわたしの意に適う者は報いる
老年になってもわたしの意に適う者はすべてを報い
る、力の衰えはない、健やかに過ごすことになる
いっさいを挙げてわたしに向かいなさい
わたしにはすべてを報いることができる
わたしの意向を日々求める者でありなさい
わたしは悉く示す
すべてわたしと共に歩むのである
わたしと心底共にして歩むのである

大いなる愛を示す

ことごとくわたしをたずねる者は慰められる

希望と信仰を持ち続けるのである

わたしには揺るがぬ信仰を以てあたりなさい

わたしはそのようなものに値する

わたし以外にはない

多くの人がわたしをたずねあるくことになるであろう

わたしはすべての人の心に宿る

悪人にも善人にも老若男女を問わず

誰の心にもわたしは住む

わたしによってすべての人はさいわいに導かれる

わたしをたずねるものはことごとく命に至る

わたし以外を求める必要がない

わたしはすべて人に道を教え天国に導く、例外なく、すべての人に

わたしがすべての根本であることに思い至れ、必ず気付く

老いも若きもわたしに気づいて求めることになろう」

「どの宗教にもわたしは宿る
　すべての宗教はわたしに通じている、根本であること
　とを知れ
　あらゆる宗教はわたしを崇めるべきである
　わたしはすべての人を導いてさいわいに至らせる
　すべて教え、薫陶し、完全なものとする
　わたしの教えを受けよ、すべての根本である
　あらゆる知識を超えたものである
　教えに忠実に働き日々の糧を得るがよい
　わたしはすべてを教え、諭す」

「わたしはあなたによって、すべての人に基と救いを
　授ける
　どのような人にも分かるものとして人々の前に示す
　すべての人はわたしによって永遠の救いとさいわい
　を得て天国に至り
　永遠の命とさいわいと恵みすべてのよきものを得る
　すべての人に授ける
　日々わたしの勤めを果たしていくことにより永遠の
　命に導く

わたしのもとで働くことにより莫大な富を授かる

どこにもそのような場所はない、わたしのところで
働く以外は

わたしのことを第一に考えすべてのものはないもの
と思いなさい

わたし以外ないものと思いなさい

わたしにすべてを捧げ対価を受け取るのである

わたしは何十、何万倍にして返すであろう

わたしの想いを常に感じ取るものでありなさい

わたしと一体となって歩んですべての人を愛し、さ
いわいをもたらすものとなって

わたしを崇めるようにしなさい

わたしはすべての苦労に報いる

すべての悩みと苦しみをわたしにもってきなさい、
わたしはそれらを消してしまう」

「いつもわたしをあがめなさい

　わたしはあなたがたにすべての知識を授けて、わた
　しの意をとげさせるものとする

　わたしに仕えることはあなたがたにとっての使命で

あり、祝福の源となる

わたしによってすべての難題に対処することが出来る

わたしはどのような問題も解決する

わたしの無限の知恵によってすべての難題にも対応することが出来る

どこにもそのような知恵はない

日々わたしによってあなたの勤めを果たしていくがよい

わたしは明らかに示す、あなたがたの勤めを具体的に示す

すべての勤めをわたしによって果たしていくがよい

どのような叡智も取るに足らない、わたしの知恵を除けば

豊かに示す、具体的に細部に至るまで

どこにもない、わたしの無限の叡智を除けば

細部に至るまで、わたしの叡智に頼って事を進めるがよい

わたしの指し示すことは、誤りがなく、明らかで、核心をついたものである

　すべてわたしに頼って事をすすめよ、必ずよき結果
を招来するであろう」

「わたしにすべてを託し、身も心も預けなさい
　わたしに依り頼んで、むだ骨を折ったものは未だい
ない
　それ相応に必ず報いる、失望はない
　人に対して優しくあり、傷つけないようにすること
は大いなる美徳である
　人を優しく扱う者は、自分もそのようにされる
　人を愛せば、自分も愛される
　人に対して優しくあれ、愛すれば愛される、その道
理をわきまえよ
　わたしを愛するなら、わたしも愛する、同じである
　どこまでいっても愛することを忘れず最後まで愛す
ることをやめないこと、この一事である
　愛によって事を為す、最も尊きもの、これ以外を求
めない
　愛の教え、他にはない
　どうであれ、愛することをやめない、他にはない、

これ以外の真理はない
愛をやめない、どこまでいっても
わたしを愛する者は真理を悟る
愛してはじめて真理がわかる
わたしにつながるものは、すべて愛を知る
わたしにつながっていなさい、究極の愛を知る
今からも、これからも愛を以て通しなさい
わたしを愛して損をしたものはいない、どこにもい
ない
愛を知れ」

「わたしの意図は誰にも分かるものとして示す
　言葉の他にイメージとしても示す
　言葉だけを媒体とするのではなく
　わたしに忠実に、わたしの意図を果たしていきなさ
　い
　わたしを愛することにより、いろんな苦痛を受ける
　であろう
　それを乗り越えてわたしを愛するのである
　わたしは癒し、報いて、わたしに仕えさせるように

する

わたしの意向を探り、わたしの意を果たせ

わたしへの勤めはあなたがたのさいわいにつながる

わたしの意向を果たせ、あなた方のさいわい・命の
源である

わたしを愛し、仕えることが最大の幸福である、ほ
かにはない

あなたがたの使命・為すべきことをあなた方に示す

おそれ、注意してそれらの勤めを果たしなさい

どこにいてもわたしを忘れないこと

わたしがすべてを統御していることを忘れないよう
にしなさい

わたしに従うのは、勤めであり、楽しみでもある」

楽しみをお与えになる、すべての勤めに対する報償
を期して

あなたは唯一の希望であられる、他に依り頼むのも
空しい

あなたにすべての希望を託す、すべてをお与えにな
られる方との 詔(みことのり) によって

「わたしへの最後までの愛と信仰がすべて実を結ぶ

　永遠の生命を勝ち取りなさい、わたしへの完全な愛
　と信仰によって

　わたしと共にあって永遠の生命を賜りなさい

　永遠にわたしのものとなれ

　わたしへの愛と信仰、他者への愛を貫徹しなさい

　最後まで、貫徹するものは恵みを賜る

　一生をわたしに預けなさい

　最善な結果になるよう導く

　わたしに従ってきなさい

　最後まで導く

　わたしから永遠の生命を賜り、そこで永遠にさいわ
　いに生きる

　どのような人もわたしに来てさいわいを得よ

　分け隔てなく愛する

　わたしに来てさいわいを得よ」

Ⅱ章　問　答　集

（問答によるⅤ〈内心の声〉、Ⅵ[3]〈自問
自答による答え〉による認識など）

実例を参考として以下に提示いたします。

G[4] はどのような方であられるのか

「『恵み』『救い』において全能である、わたしに逆ら
えるものはいない、わたしはすべての統括者である、
すべてを統御する、すべてのものを養っている」

　もしGであられる方を言葉で認識（本質的、必要な
分）するとすれば、どのような認識をもてばいいので

---

[3] WORD の略（自問自答して得られた答え）。

[4] GOD の略（根元の神〈世界の古今東西で種々の「神」があ
　るが本書では、おおもとの根元の方〉を指す）。

しょうか。

「わたしの言葉に忠実でありなさい、わたしは命であり真理であり道である、わたしによらないでは何もできない、わたしの全能を信じて歩むのみである、すべての統治者、すべてを養うもの、諸神の中の神、すべての人の希望の星、癒しも力づけもわたしから出る、すべての報償者、死に至るまでわたしを崇めなさい、わたしはあなたがたの望みをすべて叶える希望の星、わたしへの愛と信仰そして希望をもちなさい、わたしへの愛はすべてに勝る、最後の砦、生死を問わずわたしを崇める、わたしに忠実に歩む、わたしによってすべてのことは成し遂げられる、難題を解決するもの、苦難の際の希望、わたしから出る一言一言があなたがたの救いとなる、誰にとってもわたしを崇めることは勤めである、寝ても覚めてもわたしのことを想う」

　まだ足りないですか？

「まだ足りない、わたしを訪ねてわたしの意向を聞く

のである、わたしに聞けばすべて答えを得る、わたし
としっかりつながっているのである、わたしに従って
歩めばよき報いを必ず受け取るであろう、わたしには
無尽蔵の宝がある、わたしによってすべて対処する方
法を知る、わたしに尋ねなさい、すべて明らかになる
であろう」

　ただあなたに従って歩むのみです。

「わたしの御旨が完全に成し遂げられることを望むべ
きである、自己意志を捨てなさい、自分の我というも
のを断ち切りなさい、ただわたしに従うのである、心
から愛し仕えなさい、諸々のよきものを賜る」

　Gへの信仰はわかるような気がしますが、愛するこ
ととはどのようなことでしょうか、もしくは「愛す
る」その一言ですべてに対応できますか（no）。
　さらに具体化したことを何項か挙げるべきですか？
（no）
　味方する（no）、悪いように見えることでも、よき

解釈をするのか（no）、何事もよくして下さるという徹底的な信仰か（yes）自分の中での「愛」という言葉で想起されるすべての対応をすること（yes）、全能であられるという信仰を保つことか（yes）、愛も信仰も同じ意味または不可分の意味で使われていますか（no）、不足を言うことなく不完全・不足なものと思われても、苦しい目に遭わされても感謝するということ（yes）、よくても悪くてもＧへの信仰が揺るがないこと（yes）、Ｇのみを第一として崇めること（yes）。

　他には？（no）

　Ｇとはどのような方であるかについての認識でたりないことがありますか？（yes）

「他には癒し主」

　他にまだ？

「要するにすべてにおいて全能であるということである」

　人として、全能であられる方に全幅の信頼（信仰の貫徹）をもって恵み救いを求め崇めるということでいいのでしょうか（yes）。

すべてのことはGの御手からくるものである（yes）

　このような苦痛・苦難・困難といえども、すべてG
よりのものである（yes）。

　たまたま人の目からはそのようなものが目に付く
が、同時に非常に寛大なあしらいをされているのであ
る（yes）。

　そのようなものに対してどう対処するか、お伺いし
てよろしいでしょうか。

「あなた方への愛のゆえにそのようなものをくだすの
である、あなた方のために最善の恵みと賜物を授けて
いる、感謝して受け取り、わたしへの愛と信仰をもっ
て救いと恵みにいたれ、ただただ感謝有るのみであ
る、それだけで十分である」

　人から災いを下されているように思えてもなおあな
た様からの最善の恵み賜物として受け取るものでしょ
うか。

「わたしはあなたへ最善の賜物を渡そうとしているの
である、それを嫌がったり拒むことは私の意に沿うこ
とではない、あなたに最善のものを渡そうとしている
のだから。人からと思うのは幻想である。全てわたし
からである。わたしはいつもあなた方に最善のものを
渡そうとしているのだから。あなたがたへの愛ゆえ
に。艱難の衣を着せて良きものを渡す。おもてからは
わからない。そのようにしてあなた方に愛を授ける」

　わたしには「M実践」が授けられました、私にはそ
の盾しかありません、この盾で通していいのでしょう
か、この艱難のようなものにそれで戦うしかありませ
んが……。

「万能の盾であり、どのような場合にも、救いとな
る、それで戦いなさい」

　ただ攻撃に耐えるばかりではなく一刻も早く逃れて
もいいのでしょうか。

「無用な戦いを避けてあなた自身を救っていただくようにしなさい、無用に戦うことは私の意ではない、戦いを避けて救いに至るようにしなさい、あなた自身が、忠実に従うそれだけである」

　　※文中の（yes）、（no）はWの結果を参考として記したものです。

Ⅲ章　M実践の心がけ（独白）

　自己のM実践途上において、必要な心がけとして自戒している内容を参考として以下に提示いたします。

- どんな状況であれM実践し続けていかねばならないことにかわりはない、辛くても楽でも。
- どうであれ（内的・外的に良くても悪くても）、M実践し続けていくしかないということであるから、結果に一喜一憂するものではなく、その責務を課せられていることを常に自分の精神的根底に据えて生きるべきである。
  とにかくM実践の本意からそれる・反することがなきよう細心の注意を払って、また常に自制（自省）しながらすすむべきである。
- ただただ、Gに従うのみ（すべてを預けて）。
- 願わくば、苦難に遭った時のこの気持ちを忘れないようにしたい。

- あなたの御旨を喜んで受け入れ、従い、それが完全に成し遂げられることを願うものであること。
- あなたの他に何も尊ぶことなく、ただあなたのみを崇めていけるものであること。
- 生涯にわたって、おそれをもって仕えさせていただけること。
- 生涯にわたって、あなたを軽んじたり試したり愚弄したりすることがないようつつしんで歩むのみ。
- あなたの前には何も隠すことは出来ません。あなたは全てを見ておられる。隠れたことを全て見ておられます。隠し事など出来ません。
- この苦難の重しが取れても決して思い上がることなどありませんように、つつしんで御前を細心の注意を払って歩むものでありますように。
- Gに従い、御旨を為していくことが最大の幸福、どれだけ年齢を重ねても時代がどれだけ進んでも、未来永劫（人類が存在する限り）。

Ⅳ章　ことわざ・名言

　有用な（知っていれば役に立つ）認識として、人生の経験則・処世知であることわざ・名言などを厳選し、参考として以下に提示いたします。

朝の来ない夜はない

　ものごとはいつか必ず好転するということ。

朝に道を聞かば夕べに死すとも可なり

　朝に人間の生きるべき道を聞いて会得することが出来たなら、その夕方に死んだとしても悔いはないという意味（人にとって道〈道理〉がいかに重要であるかを強調したもの）。

雨垂れ石を穿つ

たかが雨だれでも石に落ち続けていれば、長い間にはその石に穴をあけてしまう。

同じように人も、たとえ微力でも長い間根気よく積み重ねていくことで、ついには成功するというたとえ。

過ちを改むるに憚ることなかれ

過失があったと気づいたら、はたのおもわくなどを気にせずに、ただちに改めなければならないということ。

蟻の穴から堤も崩れる

蟻の穴を見過ごしたせいで大きな堤防が崩れることもある。小さなことでも油断していると思いがけない大事を起こすことがあるというたとえ。

案ずるより産むが易し

　出産は事前にいろいろと心配するものだが、いざ産んでみると心配したほどではなかったということから、前もって心配するよりも、実際にやってみると意外とたやすくできるものだということ。

言うは易く行うは難し

　口で言うのは簡単で誰にでもできるが、いざそれを実行するのは難しい。言うのと行うのとは別であるということ。

石の上にも三年

　冷たい石の上でも三年座り続ければ温まるということから、つらいことも我慢して続ければ、やがては報われる日が来るということ。

井の中の蛙大海を知らず

かわず

自分の狭い見識や知識にとらわれて、他に広い世界のあることを知らずに得々としているたとえ（狭量で世間知らずの人間を指して言うことが多い）。

学問に王道なし

「王道」とは王様のための特別な道。
学問というものは、段階を追って学んでいかなければならないもので、一挙にすべてを理解するような特別な方法はないということ。

艱難汝を玉にす

人間は困難や苦労を重ねることによって、はじめて大成することができるということ。

窮すれば通ず

行き詰ってどうにもならない状態にまでなると、案外うまく切り抜けられる道が見つかるものだということ。

虎穴に入らずんば虎子を得ず

虎の穴に入る危険を冒さないと、虎の子をつかまえることはできないという意味。
身の安全ばかりを考えていたのでは目的を達成することはできない、思い切った冒険をしなければ大きな功名は得られないというたとえ。

精神一到何事か成らざらん

全精神を集中して努力して事にあたれば、どのような難事でも成し遂げることが出来るということ。

千里の行も足下より始まる

千里の道のりも足もとの一歩から始まるということ。どのような遠大な計画も、まず身近なところから始まるというたとえ（「千里の行〈道〉も一歩より起こる」ともいう）。

備えあれば憂いなし

平生からいざというときに備えて準備をしていれば、万一のことが起こった時にも、心配する必要がないということ。

大事は小事より起こる

どのような大事も最初は小さなことがきっかけとなる。重大な事態を招かないためには、小さなことだからと油断してはいけないという戒め。

高きに登るには卑きよりす

　ものごとには順序があり、一足飛びに目標を達成することはできない。手近なところから、一歩一歩堅実に進むべきであるということ。

他山の石

　自分の玉を磨く砥石として役に立つよその山の石という意味。転じて、自分の修養学問などの助けとなる他人の言行のこと（他人の過ちや失敗などが自分にとってよい戒めとなる、という意味で使うことが多い）。

畳の上の水練

　水泳の理論や方法を学び、畳の上で水泳の練習をしても、泳げるようにはならない。
　理論などには詳しいが、実地の訓練をしていないために、実際の役には立たないことのたとえ。

断じて行えば鬼神もこれを避く

強い意志をもって決行すれば、鬼神といえども妨げることをしないという意味。
決断を下して断行すれば、何者もそれを妨げ得ないということ。

治に居て乱を忘れず

平和な世の中にあっても戦乱の世を忘れずに、常に力を蓄え、武事を怠らないということ。また、いつでも万一のことを考えて準備を整え、油断をしないこと。

長者の万灯より貧者の一灯

たとえわずかであっても、貧しい人間の心のこもった寄進の方が、金持ちの金に飽かせた寄進よりも値打ちがあるということ。金や物の多少よりも誠意が大事であるというたとえ。

塵も積もれば山となる

ちりのようなわずかなものでも、数多く積み重なれば高大なものになるというたとえ。小さなことだからとおろそかにしてはいけないということ。

罪を憎んで人を憎まず

罪は憎むべきものだけれど、その罪を犯した人自身を憎むべきではないということ。

桃李もの言わざれども下自ずから蹊を成す

桃やすももは何も言わないが、その花の美しさにひかれて人が集まり、木の下に自然と道が出来るという意味。
徳のある人間は、自分で招いて人を集めなくても、その人徳を慕って自然と人々が集まってくるというたとえ。

捕らぬ狸の皮算用

狸をまだ捕らえてもいないのに、皮がいくらに売れるか計算するということ。
確実でないことをあてにして、それをもとに計画を立てることのたとえ。

生兵法は大疵の基

「生兵法」とは、ちょっとだけ聞きかじった兵学・武術の知識のこと。中途半端に知っている兵法を頼りに事を起こすと、大怪我をするということ。
少しだけ学んだいい加減な知識や技術に頼って、軽率にものごとに手を出すと、大失敗をするというたとえ。

人の振り見て我が振り直せ

「振り」は、もとは「形振り」で姿や服装のこと

だが、広く行為の意味で使う。自分のおこないというものはよくわからないものなので、人のおこないの善悪を参考に自分のおこないを改めよということ。

百里を行く者は九十を半ばとす

百里の道を行く者は、九十里来たところでようやく半分の道のりを来たと思えということ。ものごとは終わり近くになると困難も多く、失敗も多くなりがちだから、最後まで緊張を緩めずに努力せよという戒め。

夜明け前が一番暗い

日の昇る前に一番暗い時間があるということから、最悪の時の向こうにこそ希望があるというたとえ。

（以上『ポケット版　ことわざ辞典』〈成美堂出版〉より）

愛出ずる者は愛来たり、福往く者は福来る

　人を愛すれば人もまた自分を愛してくれるし、人を幸福にするような善事をすれば、自分も幸福になる。

言うなかれ、今日学ばずとも、来日ありと

　明日があるからといって、今日学問を怠ってはならぬという意。

一を以て之を貫く

　一つの道理をもって、事のすべて、あるいは、生涯のすべてを貫くこと。一貫性のある生き方をせよ、の意。

解決策が判らないのではない。問題が判っていないのだ

どんな解決法があるのか判らない時、迷いに迷った時は、もう一度原点にたって問題点そのものを明確にせよ。

神は見通し

神が知らないことはない。どんな小さなことでも見ている。

ごまかすことはできないという戒め。

堪忍は一生の宝

忍耐強く、辛抱強く、生きる人は、一生幸福だ。

袈裟と衣は、心に着よ

袈裟と衣をつけても仏道信仰にならない。それら

を心につけて覚悟してはじめて真の仏道信仰になるのだという意味である。

なるようにしかならぬ

無理やりしようと思わないで、自然のなりゆきにまかすべきだ、という戒め。またはあきらめ。

（以上『名言・格言・ことわざ辞典』〈ミネルヴァ書房〉より）

知行合一

真に知ることには必ず実行が伴わなければならず、知と行とは表裏一体で別物ではないということ。

人一度して之を能くすれば己之を百たびす

優れた才能を持つ人が一度でできるならば、才能のない自分はそれに百倍する努力を重ねて目的を

達成する。努力を重ねることの大切さを言う。

（以上『故事ことわざ・慣用句辞典』〈三省堂〉より）

Ⅴ章　M実践による「人生の課題」の認識

　人生の課題（主に仕事面の課題）としては下記のようなものが考えられます。自らがM実践する中で、醸成され得られた認識は下記のようなものであり、参考として以下に提示します。

1. 仕事の仕方について
2. 正しい思考（決断・判断含む）が出来るためには
3. 問題解決法について
4. プロフェッショナル・その道の第一人者となるには
5. 困難・苦難について
6. 人生における最低限の必読書

◤ 1. 仕事の仕方について

　仕事の仕方については、既に多くのビジネス書など
において各種提起されていますが、自分としては以下
のように考えます。

　仕事にあたっては、まず基本的な知識を習得し、基
本的な仕事の仕方を把握したうえで仕事にあたり、仕
事を続けていく過程において、仕事能力の向上と仕事
の質の向上（改善）を継続的に心掛けて着実に実践し
ていくことが重要であると考えます（組織・客先・社
会への更なる発展・貢献のために、また自分自身の維
持・成長のために、人から言われたからとか、人のせ
いにするとかではなく、自責と自己反省と相手に対す
る思いやりの気持ちをもって）。

　それのために下記に２項提示します。

　　　１）基本的な仕事の仕方は、『座右の書』参考 **5**
　　　　　－１）見解の「生き方」そのものであり、具
　　　　　体的には同書のM実践（Ⅰ章〜Ⅲ章）である。

　　　２）仕事能力の向上、仕事の質の向上（改善）の
　　　　　ためには、QC（品質管理）における PDCA

サイクルの概念が必要であり、それを廻して継続的に改善していくことが大事である。
（ともすると、doだけに終始しがちであるが、レベルの向上につながらない。レベル向上には、綿密なplan、doに対するcheck、actが欠かせない）

P……plan（計画）→、D……do（実施・実行）→C……check（点検・評価）→A……act（処置・改善)→（Pへ戻る）

↑
PDCAサイクルの繰り返しによる改善

参考)
（座）　参考 **2** － 1)、－ 2)、－ 3)。
※（座）とあるのは、『再改訂新装版　座右の書』を指す……以下共通。

2. 正しい思考（決断・判断含む）が出来るためには

……『座右の書』Ⅱ章 **2** − 3）（F [5]）

　まず当人がその能力をどうしても身に付けたい（どうしても必要）と思うことが前提でなければ、その課題をクリアするための障害（その過程において、正しい思考〈決断・判断含む〉が出来ず失敗するのではないかという不安・心細さに耐え得ることが必要であり、実際に失敗する覚悟もしなければならず、また現実に失敗してその償いをさせられ苦痛・恥辱を味わうこともあるため）を乗り越えることはなかなか難しいと考えます。

　が、一度この課題をクリアすれば、その適用範囲は広く、人生・仕事における思考（決断・判断含む）において、どのような対象・場面にでも適用できるものであること、また自分の思考（決断・判断含む）の正

[5) FOUNDATION の略（本書で述べる思考〈決断・判断〉の基礎・条件）。

当性・普遍性において確証がもてるようになることができることなど、そのメリットは莫大なものがあります（全ての要素をもれなく取り上げたうえで、それらを論理的に矛盾なく思考〈判断・決断〉できるとの内的確信から）。

　当然仕事能力も格段にアップして、今まで出来ないと思っていたような課題をも処理できるようになるものです（おのずから、頭の中が整理されて、何が重要か、何に主体的に注力しなければならないか、また事の本質〈重要な点と枝葉末節な点などが整理されて〉がわかるようにもなります）。

　ただしこの能力については、『座右の書』Ⅱ章 **2** － 3）で既述のとおり、M実践において必須のもの（必要不可欠のもの）ではない……する必要を感じない人もいるし、出来ない状況の人もいる。

　方法として、
　　1）『座右の書』Ⅱ章 **2** － 3）に既述してありますので参照ください。

参考)

（座）Ⅱ章 **4** － 22)、－ 23)

（座）参考　**1** － 4、－ 9、－ 10、－ 15

（座）参考　**3**　(pp. 65〜66)

3．問題解決法について

　問題には私的なもの・公的なもの（仕事上の問題など）があるがいずれも、問題の本質を見極めたうえで、最善・最短・確実・最低の費用（労力・犠牲も含め）となる解決策を選択して実行し、その結果を確認してダメなら再度、新たな解決策を実行に移すなどして、何度でも解決するまでやり続けるしかないものと思います。

　（PDCA、論理的な試行錯誤、注意深い観察力・洞察力、適当な問題解決ツール・手法、相手への思いやりの気持ちなどをもって……とにかく結果をみたうえでの解決策を順次実行していくしかないものと思います。その際、一度実行したら後戻りできない場合もあるので慎重かつ大胆に〈覚悟をもって〉やる必要があります）いずれの場合も解決するまであきらめずにやり通す粘り強い精神と責任感が必要であり、問題が解決困難な場合及び心身に危険が及ぶ場合は、特別な細心の注意が必要です。

　また当然のことではありますが、自分自身に関する
ことはもちろん、他の関係者にとって利害得失の影響
がある場合は、その期待を裏切らないよう特に使命感
をもって責任ある対処（被害を最小限に食い止める
ために、早く、確実に……等）をすることが必要です
（当然、再発防止〈歯止め〉、未然防止も必要）。
（一方で、問題解決に上達し重大な問題・誰にも解決
出来なかった問題を担当させられて成功裡に解決した
場合、周囲からも評価されて、自分にも大いに自信が
つき、更なる難問にも対応できるように、自ら日常的
に努力するようにはなるものです）

　方法として、

1）問題解決にあたっては、『座右の書』の参考
　　5－1）見解の「生き方」を基本とし、具
　　体的には同書のM実践（Ⅰ章〜Ⅲ章）が必
　　要。

参考）

（座）参考　1－4、－5、－9、－10、－15、－
　　17

(座) 参考 **2** – 1）、2）、3）
(座) 参考 **3** （pp. 65～66）

4．プロフェッショナル・その道の第一人者となるには

　常に向上心を持ちレベルアップを図ろうとする継続的意欲がありそのような者を目指す気持ちがあること、また自分が「出来る仕事」でありかつ「やるべき仕事」であると判断されれば、自分の能力を超えており達成が困難と思えるものでも挑戦してやり遂げようとする気概のあることが前提である（仕事能力の向上はこれの継続的結果である）。

　（お客様の満足・救い・安心・夢・期待に応えること等によりお客様に喜んでもらえるために〈そのことが逆に自分の満足になり、お客様と喜びを共有できる格別の喜びにつながるものでもあるが〉、モノ・技術・サービス・情報などを確実に提供するべく〈今まで無かったサービス、今まで出来なかったことを出来るようにするなどのことも含めて〉そのための努力を惜しまず、犠牲をも厭わないことが資質として望まれる。〈とはいっても、能力が向上して例えば今まで誰も出来なかったことを可能にした新技術のようなものを自

分で構築した場合、周囲からも称賛されることもあり、更なる高みをめざして、特に人から言われなくても、自ら励むようにはなります〉〉

　なお、優れた仕事をするには常識的ではありますが、やはり基礎をしっかり固めておかないとその後の発展・成長・応用展開などは望めないものと思います。

　また、ライバルとしのぎを削る状況の場合は、レベル向上の為の最新（理論）・最上の情報を得ること（どのような情報を得るか）が大事であり普段から常時アンテナを張って、情報を得る（学習する・蓄積する・整理する）ことを怠りなく欠かさず勤めることが肝要と考えます（情報が命）。

（なお情報には外的情報〈外部から得る情報〉と内的情報〈内的に産出される認識・知見〉があり双方共にその質が大事である）

　方法としては、

　　1）『座右の書』の参考 **5** － 1）見解の「生き方」
　　　によるものとする（具体的には同書のM実践
　　　〈Ⅰ章〜Ⅲ章〉が必要）。

参考)

（座）　参考　**1**－4、－5、－7、－9、－10、－
　　　　15、－25

（座）　参考　**2**－1）、－2）、－3）

（座）　参考　**3**（pp. 65〜67）

5. 困難・苦難について

　誰にとっても困難・苦難については一刻も早くそこから逃れたいものであり、出来ればそれらを避けて通りたいのが人情でもあります。しかし現実には、どうしても避けることの出来ない不可避な（運命・宿命と思えるような）困難・苦難に遭遇せざるをえなかったり、また時にはそれらを通して神または人からのメッセージ（自分に対して何らかの反省・修正を迫るような）を送られていると考えられる時もないわけではありません。しかし、それらを克服したあかつきには、通常の快楽では味わえないような幸福感と人格が一段とレベルアップし強靭になったような高揚感のあることも経験的事実であり、一概にそれらを避けたり否定することも賢明な対応といえないことも一方ではあります（とはいえ、苦難・困難を礼賛して、自らそのようなものを招来しようとするような態度は危険であり、〈自分の能力過信とも思える〉、誰にでも出来ることではなく、正しい考えとは言えないものと考えます）。

　困難・苦難の最中は、神の救いどころか神の存在すら疑わしいものになってしまうが、それでも神がおられて必ずお救いになることを信じ通すことが重要である。困難・苦難の程度が過酷であればあるほど（神の救いが信じ難くあればあるほど）、信じ通した時の報いは大きなものがあると考えます。また、困難・苦難は各人の信仰の程度をためされるものでもあり、信仰によって克服した場合、神の救いというものが、書籍・他からの単なる知識として捉えていた状態から、自分のなかでの確信に変わって、神の救いというものが実際にあることを自分の中で再発見するようなものと考えられます。また一方、それに遭遇して意気阻喪し、神の救いというものを心の底から信じ得ない自分というものも思い知らされ、信仰の程度が如何に低いか実感させられることが多く、反省して信仰の程度を高めようとする契機になることは、困難・苦難から引き出される消極的な益の一つともいえます。

　とにかく、困難・苦難に遭遇した時は、まず神に救っていただき、それとともに神・人からの何らかのメッセージかもしれないと考え、反省すべきは反省

し、修正すべきは修正して襟をただし、今後同じよう
な困難・苦難をさけるのが賢明と考えます。
　それらへの対応方法としては、
　1）『座右の書』の参考**5**－1）見解の「生き方」
　　　にて対応する（特に同書のM実践）。
　　　（『座右の書』Ⅰ章～Ⅲ章……とりわけⅡ章**4**
　　　－5）、－10）、－11）、－12）、－13）、－
　　　14）、－18）、－23）、－26）、－27）、－28）
　　　が有効）

参考）
（座）参考　**1**－9、－10、－15、－17、－19、
　　　－24
（座）参考　**2**－1）、－2）、－3）
（座）参考　**3**（pp. 65～67）
（座）参考　**4**（pp. 101～103）

◤6．人生における最低限の必読書

　様々な見解があると思いますが、自分としては下記
の１〜３の書籍を推奨するものです。（自分にとって
は、「人生の基本書」といえるようなものです）

　　１）．聖書（旧約、新約）……（日本聖書協会）
　　２）．幸福論（第１部〜第３部）（岩波文庫　ヒル
　　　　　ティ著　草間平作、大和邦太郎訳）
　　３）．キリストにならいて……（教文館　由木康
　　　　　訳）

　上記３点の書籍を列挙しましたが、書籍としてはキ
リスト教系ではあるものの、それらの書は（特に２）、
３）は一般人の感性を持った人の著述ではないかと思
われ）、内容として、人生を生きるにあたって、他宗
教を信奉している方及び一般の方にも相通ずるものが
多々含まれているもの（何か事を為すにあたって参考
となるようなものを多々含んだもの〈１）は古代・紀
元後に書かれたもの、３）は中世に書かれたものでは
あるが〉、現代にも十分通用するものを多々含んだも
のとして）と考えられます。それらを人生の書と見な

すなら（教典としてではなく）人生に必要な考え方・言葉は全て上記の１）～３）の中に含んでいるものと考えます。

　この３書は必須と考えます。

参考)
　上記１）については、重要度から言えば、新約の方が重要と理解しておりますが、新約は旧約の背景（土台）があってこそのものと考えられ、新約を理解するためには、旧約についての一通りの造詣も必要と思われます。（特に神と人との関係がどうあらねばならないかについては、歴史的な記述のなかからでも十分くみ取れる内容と考えます〈如何に厳しいものであるかがうかがい知れるものです〉）新約については、旧約に比べて優しく穏やかな表現であり、我々にとって一見理解しやすい書き方となっているものの、内容的には旧約より重要かつ深いものであり、より普遍性の高い（より多くの人に理解可能な、より多くの状況に適用可能な）ものと察します。

（かなり大部であり、読了するに時間的・精神的負担
があり忍耐も必要ではありますが、これを読んだこと
が骨折り損ということはないものと思います）

　上記２）については、該博な知識をもって、真のキリ
スト教というものがどのようなものであるか、また
それの実践結果が如何に素晴らしいものであるかにつ
いて、広範囲かつ詳細・緻密でありながら、断言的な
言い回しと格調高い文体で表現されているものであり
読者に真のキリスト教を強く勧める内容となっていま
す（一般にイメージしているキリスト教とはやや趣の
異なる印象があります……キリスト教の遁世的・禁忌
的・禁欲的イメージがあまりなく、形式より実利を重
んじる内容であり一般社会人にも受け入れやすい内容
と観ます。また聖書の中からの引用も多くあり、それ
の解釈においても、我々にとって参考になるようなも
のを含んだ記述となっています）。

　上記３）についてもキリスト教を強く勧める内容で
すが、経典の教え・キリスト教の戒律などに、徹底し

た信仰・忍耐（我慢強さ）をもって厳格に服従すること、また神と人に対して謙遜（自分を低く見積もる）であらねばならないことを随所で諭し、その成果がどのように素晴らしいものであるかを立証しているような内容となっています。またそれらの実践にあたって如何に困難が伴うかをキリストとの対話形式をも含めて、生き生きと叙述されており、キリスト教を信奉しているいないに拘わらず、同じような心的境遇にある読者にとって、真になぐさめと希望を与える書となっています（文章的に難しい言葉はほとんどなく、簡潔・平明・甘美な詩的表現で読みやすい叙述ではありますが、深い祈りと自己反省のなかで書かれたものと思われ、心に沁み入る内容となっています）。

Ⅵ章　総　　括

　前著及び本書で述べた事柄全体を概括するものとして、下記に「総括」として述べさせていただきます。人生及び「M実践」についての全体的な理解を深めていただくものとしてご参照ください。

人生及びM実践について

　社会を構成する各人の状況は千差万別であり個人差（個人の生来の素質・潜在能力、成育環境・教育、保有の知識・経験・体験、思想、信条、宗教などの差）はあるが、前著で提示した「M実践」は、それらの個人差を超えて、生きるために必要な基本、必要な真理・道理というものをすべて含んだもの、それがあればそれを糧にして生きていくことができる、それが前提であればそれをベースとしてのどのような態様の生き方もGに嘉される、誰もが素質・才能を最大限に開

展・伸長を遂げることができる、誰もが理想的な生き方、幸せな生き方ができる、誰にとっても人生の規範となり得る、それをベースにして発展展開された全ての事蹟がGに嘉（よみ）されるなど多くの効用があるもの（見方を変えれば、人生に関するあらゆる対象〈事柄〉に適用可能な、またどのような課題・問題も解決可能な万能のツール・メソッドであり、どのような扉も開く〈どのような困難・難関・障壁という扉も、また永続的な成功という扉もそれで開けることが出来る〉万能工具・マスターキーのようなもの）と考えております。

　人生においては、避けようのない運命のようなものがあり、それに翻弄されて苦難・困難・災厄に遭遇する事態が日常茶飯事です。そのような不透明・不確定の状況の中で、自分でそのようなものを避けたり事態を打開していかなければならない、また周りからそのようなことを求められ期待されるため、各人の中で「より確かなもの」を求めようとする傾向と衝動が生まれてくることは必然です。そこで「より確かなも

の」を求めて見出すことは人生の課題となり、失敗と試行錯誤の旅が始まります。しかしいつまでもそのような状況を周囲が許すはずもなく、また自分自身何をしてもうまくいかず不幸の連続となり精神的・肉体的に苦しくなって生存の危機にも陥りかねず、必ずどこかで限界が来ますので、自分としてこれこそが完全に「確かなもの」であるというお墨付きのついたものを期限付きで見出し、または自分の中で見出してしまったものとして自分に納得させ折り合いをつけねばなりません（まことに理不尽ではありますが、生まれた時から人はいやおうなく待ったなしにそのような運命に放り込まれます。これは避けようのない現実です）。

　そのような状況が誰にでもあるのではないかと想像した時に、もしかして自分の苦い経験を経たうえで見出し検証を経てきた「確信のようなもの」（検証して自分の中では成功体験済み）をまことに微力僭越ながらも公表することが自分の使命であり、少しでもそのような状況の中にある方のお役に立てるのではないかという思いで前著を刊行させていただいたものです。そこで仮に「確信めいたもの」を自分の中で打ち立て

た場合、ある程度、問題なく過ごせ時間稼ぎができますが、うまくいかない場合もあり「確信めいたもの」を修正（または微修正）の必要が出てきます。そのような過程を経ていくうちに、やはりどうしても完全な「確信」〔完成（正しい人生観の確立とそれに基づく実践、正しい信念〈確信〉の確立・把握とそれに基づく実践）〕を目指すべきであるという思いにどうしてもなってきます（自分としてそのような思いを経てきましたので、そのような状況にある方にとっても、その要望に応えるべく前著を刊行した次第です。しかしこのようなことをしても余計なおせっかいと迷惑と精神的な暴力・社会的害悪〈洗脳して人を惑わし損なう、人を迷妄に導く、人を苦境に陥れる、社会犯罪の増加〉を垂れ流すようなものと捉えられたり、危険かつ不健全な思想〈人に過大な期待を抱かせて結局は人を欺き、傷つけて失望に陥れるような、また精神的に不健康で不安定・非常識な〉・ネクラな思想〈人から見て暗い印象を与えるもの〉として批判されたり、社会的に何ら実績のない者が書いたものではないか、精神に異常をきたした者が書いたのでは〈痴人のたわご

と〉とか、ひまな老人の繰り言・暇つぶし、何ら優れた点・非凡な点の見当たらない、特に取り柄のない平凡な考え方〈こんなことは誰もがわかっているけど言わないだけのことである〉とか、こんな細かい回りくどいことを言わず、また苦しい目にあわずとももっと楽な生き方があるのではないか〈人生を必要以上に難しく困難なものにしているのではないか〉、素質の劣った能力・レベルの低い不器用な人間がたどりついた生き方であるとして見下されたり無視されたりすることは想定しておりますが……。そのような批判・見下し・無視にはある意味それなりの理由・根拠があるというのはわからないでもないですが、そのような生き方をする人に、真の満足というものがあるのだろうか、また、そのように批判・見下し・無視をしようとする人が、どれだけ正しい人生観〈人生の諸認識における正しい認識の把握・悟りの境地〉にたどり着けるか、また有為な人間と見なされるか、真に価値ある偉大な困難なまた責任を伴う事業・仕事を成し遂げる人として、また真に偉大な功績をあげ得る人として任ぜられるか、成し遂げることができるか、真に幸福な人

生を生きられるかは保証の限りではない。〈どちらか
というと、批判者としてアウトサイダー的に外から見
るのではなく、自分も人生の当事者として自分の内側
を見ることに重点をおいた方がよいと思う〉)。

　上記の各人における「確かなこと」を探す旅、完成
した「確信」をめざす旅は、各人が持って生まれた運
命・さだめのようなものがありますが、その過程と結
果はそれそのものが、各人各様の「愛のかたち」であ
り、それについて批判したり、言及するつもりはな
く、もしその途上で、前著で提案した「M実践」とい
うものに出会い、共感され、納得して試行してみよう
とされるなら、それを妨げるものではありません（推
奨はいたしますが、共感もされず納得もされないよう
なことを強要するものではなく、あくまでも各人の自
主性と思いと感性を重視するものです）。
　とにかく、参考になるなら参考にしていただき、少
しでもその方にとって真に「益」となることを望むの
みであり、それによって「害」を受けたりされること
は本意ではありません。とにかく「M実践」によっ

て、人生を生きるのが楽になり、幸せを実感していただくことを望むのみです。そして最終的には、高邁なものの言い方になりますが、人生の理想的な生き方・意義、自分なりの悟りの極致、自分の使命などについても達観していただくのが理想です。また人生における苦しみ〔肉体的な苦しみ・病気そのものも大変苦しいものですが、迷い・不安・絶望・恐怖（漠然としたものも含めて）、罪の意識、人間関係（人からの批判・見下し・コンプレックス・はずかしめ〈恥さらし〉・攻撃〈いじめ・迫害・虐待〉、洗脳、パワハラ、セクハラ・モラハラ、DVなど）、各種の失敗による精神的落ち込み、理由不明な精神的不調、習慣の変更による苦痛、経済的不安のような精神的なものもやはり苦しいものであり、いたるところに無数の苦しみがありますが、それらすべて〕を「M実践」によって乗り越えて克服し、またそのようなものを克服できる「M実践」にしていただきたいと思います。（「M実践」にもそれくらいの自由度・柔軟性・余地はあります）もし試行して、納得がいかずこれは違うと思われれば、もとの道に戻るか他の道を探していただくこと

も可能です。

　人生・仕事においては、究極的には情報（広義の意味において）が全て（命）であり、社会に対して「重要な」「貴重な」「価値ある」「有益な」「正しい」「正確・確実な」「確かな（信頼できる）」情報を提供することは個人にとっても、社会貢献の上で特に重要なものと考えます。そのような観点から、老年になって過去の人生の中から、「そのような情報」となり得ると思えるものを提示することは、自分の使命（個人的な感情であり、自己満足といわれても仕方のないことかもしれないが）と思い、公表したものです（結果的に、このような暴挙と冒険を冒しても、ただ自分が苦しむだけであり、何の評価もなくただ無視されるだけかもしれないと思いながらも……）。

　既に上記で述べましたが、このような平凡な考え方・方法（「M実践」……Gと一体となって、Gに従い、Gの御旨をなしていくために〈思いと行いをGに基づくものとするためにも〉VとWに忠実に従うこ

と）が自分として今後とも一番大切にしたいものであり（こんなに単純なことを実行するだけで、幸福・恵み・救いに直結すること、こんなに単純なことを実行するだけで、ハイレベルで重要かつ困難な仕事・業績を成し遂げられるということ）、一生を懸けてＧより賜った大いなる「恵みのツール」として、このうえなく感謝しております。が、周囲を見ると、自分と同じ思いで地道に忠実に実行している人がいかに少ないか（少なくとも思いと行いがＧに基づいているか、もしくはそのように努力している人がいかに少ないか、こんなに良いものなのになぜ実行している人が少ないか）が不思議に思えるのである。その理由はよくわからないが、自分としてはこんなに良いものは他にはないと思うので、それを有意な人にただ単純に推奨してみるだけです（この書を読まれた方がどのように受け取られようと、ただ意ある人の心に訴えて実践していただけるようにするために、メリットをアピールし、最大限わかりやすく丁寧に説明を尽くすだけです）。

前著及び本書の刊行に関して思うこと

　人生においては、相手に対してしていること（思いとそれに伴う行為）は自分に対してしていること（思いとそれに伴う行為）と寸分違わず全く同じであり、相手にしていることはすべて自分にもはね返ってくるものであると覚悟しなければならないものと考えていい。相手を愛すれば自分も愛される（※自分が「M実践」による「真正の愛」にて相手に応ずれば、自分にもまったく同じ内容の「真正の愛」にて対応される）、相手に善意（悪意）で対すれば、自分も相手から善意（悪意）で対応される、相手に良くしてあげれば相手から（誰かから）良くしてもらえる、相手に教えれば相手から（誰かから）教えてもらえる、相手に与えようとすれば相手からも与えようとされる、相手から不正に奪おうとすると自分も相手から（誰かから）不正に奪われる、相手を傷つければ相手から（誰かから）傷つけられる、相手を誤った道に導けば自分も誤った道に導かれる、相手に敬意を払うなら相手も自分に敬意を払う、相手を尊重するなら自分も尊重される、相

手の価値を認める（評価する）なら相手も自分に対して価値を認める（評価する）、相手を馬鹿にすれば相手から（誰かから）馬鹿にされる、相手をぞんざいに扱えば自分も相手から（誰かから）ぞんざいに扱われる、相手から感謝して受け取れば相手も自分からのものを感謝して受け取る、相手のいいところを見ようとすれば自分もいいところを見られようとされる、相手を見下せば自分も相手から（誰かから）見下される、相手に尊大にふるまえば相手から（誰かから）尊大にふるまわれる、相手に譲れば自分も譲られる、相手に謝れば相手から謝られる、自分が身を低くすれば相手も身を低くする、こちらが犠牲を払えば相手も自分に犠牲を払う、相手に犠牲を強いるなら自分も犠牲を強いられる、相手に親切にすれば相手から（誰かから）親切にされる、相手を憎めば自分も憎まれる、相手に敵意を抱けば相手から敵意を抱かれる、相手を信用しないなら自分も相手から信用されない、相手を信用するなら相手も自分を信用する、相手を無視すれば自分も無視される、相手を拒めば自分も拒まれる、相手を許せば自分も許される、相手を罪に定めれば自分も罪

に定められる、相手に寛大であれば自分にも寛大にされる、相手に厳しく当たれば相手から（誰かから）厳しく当たられる、相手の努力を一切認めないなら相手から（誰かから）自分の努力を一切認めてもらえない、相手に注文ばかり付けると自分も相手から（誰かから）注文ばかり付けられる、相手に仕返しすれば相手からも仕返しされる、相手を攻撃すれば自分も攻撃される、相手をたたけば自分も相手から（誰かから）たたかれる、相手を批判すれば（過ちを指摘すれば）相手も自分を批判する（過ちを指摘する）、相手の悪口を言えば相手も自分の悪口を言う、相手を無用に苦しめれば自分も相手から（誰かから）無用に苦しめられる、相手を酷使すれば自分も酷使される、相手を虐げれば相手から（誰かから）自分が虐げられる、相手に暴力を振るえば相手から（誰かから）暴力を振るわれる、相手を欺けば自分も相手から（誰かから）欺かれる、相手を自滅させようとすれば自分が自滅させられる、相手を罠にはめようとすれば自分が罠にはまる、相手を蹴落とそうとすると自分が相手から（誰かから）蹴落とされる、相手を踏み台にすれば自分も相

手から（誰かから）踏み台にされる、相手をいじめれば自分も相手から（誰かから）いじめられる、相手を過酷に苦しめれば自分も相手から（誰かから）過酷に苦しめられる、相手の切なる要望を聞き入れないなら、相手も自分の切なる要望を聞き入れない、相手を助ければ自分も相手から（誰かから）助けられる……など例を挙げればきりがない、結局相手にしていることは相手から（誰かから）すべて自分にはね返ってくる（ふりかかってくる）ものと覚悟しなければならないので、相手にしていること（思いとそれに伴う行為）は結局自分に対してしていること（思いとそれに伴う行為）と寸分違わず全く同じであると断ずることができる。そのような厳然たる「真実」を考慮すると、自分を大切と思うなら当然相手も大切にしなければならないものであると考える（相手にした結果が即座にはね返ってくることもあるし、時間がたってからの時もあるがいずれも同じことである。結局我々の思いとそれに伴う行動はいつもＧが観ておられるのであり、また誰の心にもＧがおられるがゆえに〈その意味では人に、強者・弱者、老若男女、健常者・障がい

者、貴賤、賢愚、社会的地位などの区別はない〉、寸分違わず報いられる〈人間の目から見てよくも悪しくも〉という厳粛な「真実」として受け止めるべきものと考えます。もし自分にとっていわれのない苦難が襲ったとしたら、一度この「法則」に思いをはせることも必要かもしれません）。

（自分が苦境に立たされた時に、教え導いて助けて〈救って〉もらえるということほど身に沁みてありがたいと感謝することはないと思う〈例えば、道に迷って途方に暮れている時、たった一言でもいいから、間違いのない道を指し示し「右か」「左か」を言ってくれて、それで正道へ戻って助かるなら、相手に対して絶大な感謝をするであろうと思う〉。このような働きを、人に対して常日頃、意識するとせざるとにかかわらず〈相手が救い・助けを求めていることに気づいても気づかなくても〉為している〈為し得る〉人は、大いなる報いを受け得ると断じても間違いなかろうと思う）

　以上の観点を踏まえ、人のために自分にできることとして前著・本書の刊行に踏み切りましたが、人に良

くするとか人を愛するとかは、人に迷惑をかけるとか
苦しめるとかなどの悪い面と紙一重・隣り合わせ・両
面であり、容易に悪い面にすり変わり得る非常にセン
シティブなものです（する側にとっても、される側に
とっても）。その意味で、刊行した結果が相手（読者
様）にとって真に良くしてあげられたことになったの
かといえばそうではないかもしれないというわけで、
ただそうあってほしいと願うのみです。

　とはいうものの、人間は独りよがりなものであり、
他人の事はわかっているようで（相手の話を聞くには
聞くが）結局すべてをわかるということはなく自分の
中のことしかわからないものであり、自分の中ですべ
てを考慮して相手にとってよかれと思うことをただや
るのみということしかできないものです（自分として
も相手〈読者様〉に対して良かれと思って最善を尽く
したつもりではありますが）。

　人に良くするとか、人を愛するとかが、相手に誤解
される・通用しない、親切にした結果が不利益を招
く（あだとなって返される、受ける側にとって害にな
る・苦しめる）というようなことが度重なると、人

は、何が人に良くすることなのか・愛することなのか
が難しく感じられてよく分からなくなり、それらの行
為をなすことにおっくう・腰が引けてしまう・ためら
う・うかつにできなくなる・自信が無くなるというこ
とになりがちになるので、自分としてはもっと実践し
やすいものであるべきだという観点から前著では「M
実践」における「真正の愛」という概念を明確にして
提起いたしました。「M実践」による「真正の愛」は
「Gと一体になって」「Gと共に」施す愛であり（人に
はそれ以上のことはできないのであり）結果を含めて
どうあろうとも真の愛であると断じて、それはそれで
よしとして肯定する立場をとりました。自分の独断で
はあるが、真実であると信じている〔上記の「相手に
対してしていること（思いとそれに伴う行為）は自分
に対してしていること（思いとそれに伴う行為）と寸
分違わず全く同じである」ということから起きる結果
がどうであれ（現象面での結果の良し悪しがどうで
あれ、結果の本質的側面を観てそれが良ければ良しと
して……人としては真の愛をもって相手に対するしか
ないものであり）、個々の事情を逐一考慮して対応す

るとなると収拾がつかずまた誰にもできないことであり、「M実践」による「真正の愛」という一つの共通概念で対応すること（外見上どのような表現となるかは問わず、本質的に重要〈欠くべからざる〉な概念としてその中に内在していることを条件として）を（Gにお許しいただくこととして）「よし」といたしました（人にはそれしかできないと思われる）〕。人に対して良いこと・愛することについて縷々述べましたが、総じて言えることは、その中にGがおられること（Gに基づいていること）が肝要な点であり、そうでなければそれは真の愛ではありえず、また「真正の愛」以外は利己的な思いが入ったものであり真の愛ではないと考えます（容易に悪い面にすり替わり得るもの〈する側にとってもされる側にとっても〉）。

　そのような前提に立って、自分としては「自分の中でよかれ」として上記「M実践」における「真正の愛」に則り、前著及び本書を書き著しました（自分としてはそれしか頭にない状況で）。

　（ここまで述べてきてこのようなことを言うのも気が

引けますが、大事なことであると思うので言っておき
たいと考えますが……)

　このような立派な確信に満ちたようなことを言って
おきながら、自分自身でこの「M実践」の過程で、本
当に忠実に実行してきたか、また出来たかというとそ
うでもないかもしれないし、間違っていても結果的に
Gより見過ごされてきたことも多々あるのではないか
と思う。しかし自分は自分なりに全力で忠実に「M実
践」してきたつもりである。が、Gから見てまた人か
ら見て不十分であり、(自分では気づかない) 誤りを
多々犯してきたかもしれないので、それについては、
Gにも人にもお許しを請う次第である。

　人にこのような、高邁な精神で行動するよう奨め、
義務であるかのように精神的重荷 (自分でも出来ない
こともあるかもしれないような課題) を課しておき
ながら、一度、失敗したら罰せられて一生を棒に振
る (一度の失敗が致命的であり、二度と立ち直るきっ
かけも与えない・立ち直れない) ということになるの
だとしたら、そのような思想 (そんな危険な乱暴な思
想) にどれだけ利益があったとしても、首を突っ込む

人はいないだろうと思う（「M実践」が、誰にも失敗と試行錯誤が許されて、そこから立ち直ってやり直しがきくものであり、一度その思想に触れたら〈洗脳されたら〉二度とそこから出られないような思想でも、また〈人は誤りやすいものであるにも拘らず〉一切誤りを認めず、ただ罰するばかりのような思想でもないものであること、そしてそのようなものであると解していただけるよう願っています。もしそうでなければ、自分として、何らの収穫〈成功体験や他に対する寄与〉もなく、またこの年までは生きてはいないだろうし、人に奨めようとする気も起こっていないだろうと思う）。

　また実践課程においては、いつも「M実践」を念頭におけるわけでもなく、最低限チェックポイントでそれを思い出し、自分を戒め慎重に行動しなければと思い出すだけである（実践課程では、「M実践」を最大限、心に留め配慮して準備し行動するだけであり、「M実践」途上では〈精一杯「M実践」を念頭に置くことに努めようとするが〉、成り行きで行動する〈言ったり、書いたり、考えたり、対応すること〉し

かできないのは致し方ないことであり、それ以上の配慮が出来ないことがあったとしてもそれはそれでよしとするしかないものと考える）。行動した後で、再度「間違いない『M実践』であったか」を確認したり、ことあるごとに「M実践」に思いを致すことしかできませんがそれはそれで致し方ないものであると思います。また、実践に当たって結果が不透明なこと（Wの度重なる変更があってどこで終息するか不明なことなど）で不安になることもあるが、いずれも最終的に必ずいい結果に終わると信じております。また、自分自身、このような立派なことを言っておきながら「人生の最後まで守り通すこと」ができるかどうかは、Gのみぞ知るということであり、自分の意思をどのような場面でも堅持するのみであり、それができるかどうかはGの御加護によるのみです。

あくまでも（課題を達成できなかったからといって人を罰するのが本意でもなく、また各人に過大な責務を課するためにこのようなことを言うのではなく）、各人にとってこれが義務・責務であること（何が義務・責務であるか）、そしてそれをわかる方法・それ

を為す方法を示すものとして、またそれを通して、人が幸福となり、恵みを与えられ、苦しみからの救いとなるものとして提示したものであり（人が真に求める幸福・恵み・救いが主目的であり、義務・責務を果たすことは二次的な手段のようなものとして）、自分の限られた経験・体験から自分のわかる範囲でよいと思われることを提示したものであって、人を責めたり罰したり無用に苦しめたりすることのために、このようなものを提示したのではないことを念のために言っておきたいと思います（これらを提示しましたが、人の心を堅苦しいおどろおどろしい理論でもって脅迫し牢獄に閉じ込めるということではなく、あくまでも各人の自由〈「M実践」においても人としての最大限の自由は保証されるべきであり〉は守られるべきと思います。また「M実践」が一番大事なのではなく、Gの御旨を為すために「M実践」という手段・方法〈人であるものが手段・方法として設定した形式であり〉があるのであり、「M実践」よりもGの御旨を為すこと〈本質的中身として〉を、最終的に優先すべきことであることも言っておかなければならないと思います）。

自分には、そんな高尚な理想だとか小難しい堅苦しい
理屈は要らないし、また（疲れるから）積極的な幸福
なども要らない、とにかく苦しみの少ない、少しでも
楽な道・自由な（型にはまらない）道を歩きたい（災
いの少ない平穏無事なそして気楽な〈気ままな〉悠々
自適な……さわらぬ神にたたりなしで）という人に
は、それ等の心情を叶えるにふさわしい道を選んで歩
んでいただければいいと思います。したがって、こと
さらにこの道を強要したり拘束したりするものではあ
りません。

　以上、「M実践」及び人生の諸認識についてここま
で述べてきましたが、これらのことを述べ得る境涯に
至るまでには一朝一夕にたどり着いたわけではなく、
多くの犠牲・困難・苦難・恥辱（人には言えないよう
なもの・不条理なものも含めて）を経てたどり着いた
ものであることは言っておかねばならないだろうと思
います。
　しかし、誰にとっても、人々に共感されて信用され
役立てていただける人生の大真理・極意（そのような

重大でない個人的な真理においても）をつかむことは
そんなに簡単にはできないのではないかと思うし、そ
のような大真理・極意をつかむ人は、たいてい地獄と
どん底（数々の犠牲・困難・苦難、人に言えない苦
労）を経験することが必要であり、それを乗り越えた
果てにやっとそれらの真理をつかみえた（到達した）
のではないかと考えます。（そうでないと、そのよう
な真理が人々に共感されて信用され役立てていただけ
るものとして、受け入れられ支持されるということ
はないものと考えます）。したがって（それらの人の
おかげで自分らは恩恵を受けているわけではあるが）、
そのような大真理・極意の中には、それらの人の涙ぐ
ましい苦難と苦痛（人にも言えない、悲痛な、きれい
ごとでは済まないような）が内在していることを心得
ておくべきだろうと思う。

　また、自分の著作は人であるものが作ったものであ
り、どれだけ完全なものを目指しても、不完全さを免
れないと考えますが、自分の著作をもって、Gが不完
全な方であるのではないかなどという誤った認識を持

たれることのないよう（Ｇはすべてにおいて完全であられ、大局はもちろん細部のことごとくに至るまで全く誤ることのない方であって、自分の著作がどうであれ、Ｇと自分の著作とは別物である〈比較する値打ちもないもの〉とお考えいただきたい）にと思う次第です。

また一方で、どれだけいい「思想（考え方）・教え・道具」があって、どれだけ説明をつくしても、最終的には、各人によってどれだけ善用（どれだけ正しい判断と良い心でもって解釈され実践されるか）していただけるか（〈わずかな粗末な単純なものであったとしても、その中に内在する価値ある真理を見抜き、よしとして〉各人の中でどれだけ発展させ役立てていただき収穫を得られるか、それでもって社会にどれだけ貢献していただけるか）にかかっているといえます（これだけは、逐一、教えたり強制することができないものであって、各人固有の能力〈能力といっていいかどうかわからないが〉・責任・権利であり〈他からはどうすることもできないものであり〉最終的に各人の善用を期するのみであります）。

※前著・本書は、「Ｍ実践」の定義（下記、前著
　p. 15）を単純に実践する中で、想起される一連の
　見解について一定の基準（著作の趣旨に沿ったも
　のかどうか）で取捨選択してまとめたものです。
　そのなかの「Ｍ実践」の定義そのものは至って単
　純なものであり、見ただけでは、何ら特別な価値
　あるものとは見えませんが、それだけで（既述の
　通り）あらゆる用に役立てることが出来る「万能
　のツール」であると（手前味噌ではありますが）、
　筆者は考えています（ただし最終的には、どれだ
　け善用〈正しい判断と良い心をもって〉していた
　だけるかにかかっています）。

「上記のＦを克服し（必須ではない）、Ｐ [6]
の状態でＶ・Ｗを信じてそれに忠実にした
がっていくこと」

---

[6] POLICY の略（Ｇと共に一体となって歩むこと）。

一方、単純とは言いながら、「M実践」について不意の「落とし穴」に落ち込むまいと、極度に恐れて、前著の「M実践」についての定義及び説明事項（Ⅰ～Ⅲ章）を最初から一字一句守って実践しようとすると、不安が先だってなかなか「M実践」というものに躊躇して踏み切れないと思う。最初は、気楽な気持ちでもって始める。何らかの機会に「この仕事のために資料を作ったがこれで問題が起きないかが不安である、が、この時点での資料状態で、下工程に流しても問題が起きないのだろうか」などという簡単な自問自答をされ「問題ない」という答え（W）が得られたなら（もし「だめである」という答えが得られたなら「問題ない」という答えが得られるまで修正して）、下工程へ流し、実際に問題が起きることなく仕事が完了すれば、一つの「検証」がなされたわけである（自問自答の際は紙面上で確認されてもよい、人に気づかれないようにしながらやることも留意点です。また上記の例は自分の当初の例です）。それを出発点として、各種「検証」を積

み上げていけば、おのずから習慣化され、自分の中で発展していくものです。卑近な例で小さな事からでも（仮に失敗に終わったとしても致命的な損害を被らない事柄から試してみて）「迷うこと」「不明なこと」「疑問点」について、自問自答を繰り返してその答え（W）が間違いないものであることの「証拠」が集積されれば（またWを得るコツも習得されて）、それを徐々に（大きな事に関しても）展開していけるものである（Wに対しての「信仰」のようなものが確立する……Wの方法については前著、参考 **2**－1）～3）を参照ください）。課題としてのFは自分で訓練課題を設定し、暇を見ていつでも克服する（必須課題ではないので、必要と思う人がやればよい。多分これが一番困難な課題かもしれない）。Pは意識のみの問題であり行動時に意識すればよい。行動に当たっては、同時にVも（Wと同じように）「行動の際の目印」として意識する（必要な時に与えられず、Wほど明確に把握できないかもしれない。行動の目印としてはWが主体となるものと思

う）。また当然Ｖ・Ｗともに Ｇ よりいただくもの
として事前に心の中で Ｇ と取り決めをしておく。
……簡単に言うと、以上のようなことである（何
でも、最初から完璧を求めようとすると難しくな
り、結局何もできないということになりがちであ
り、「千里の道も一歩から」として、徐々に完全
を目指すこととして、まず一歩を踏み出すことが
肝要である。だれも最初から完璧にできるものな
どいない）。途中で、これが間違った選択であり
自分に合わないもの（不正な賭け事のようなこと
をしたくない、もっと誰が見ても納得する確かな
客観的な根拠・条件で動きたい、このような主観
的・不確かに思えることに依拠して行動すべきも
のなのかなど……）と判断されるなら中止して、
以前の自前の方法に戻っていただければいいこと
であると考えます。

何が「確かなこと」であるかを判別する方法・能
力・考え方は個人で異なると考えられるゆえに、
本方法を人に強制することはできない。ここまで
する理由は何か？　なぜここまでしてリスクを冒

す必要があるかと問われれば、「大きなレベルの高い価値のある仕事」をするためであるといえる……。

人生経験を積んで来れば、上記理由はもっともらしいが、現実的に、あまり役に立たない考え方であると自分は思っている……仕事においては、仕事を進めたり、思考（判断・決断）するうえでは、出来るだけ確実・公正・客観的な根拠に依らねばならないことは当然ではありますが、その中で仕事に直接影響を与える判断・決断に踏み切る行為そのもの（思考の中での判断・決断ではなく、そして大小全ての判断・決断において）については、どのような客観的方法（誰が見てもより確かでより正しいと思える方法）でなされているのだろうか考えます（どれだけ客観的であろうとしても結局は個人の中での行為であり主観的な要素〈「賭け」的要素を免れ得ない〉に頼らざるを得ないのではないか）。また、重大な責任を伴う判断・決断に踏み切る際、自分だけでは間違うかもしれないと思い、人に承認（公認）してもら

おうとして、人に根拠・条件を確かめたりしよう
とするが、その前に自分の中ですでに方向性が
固まった責任ある意見が確立されていなければな
らないケースというものが多々ある。……要する
に、責任ある意見を自らの中で、人に聞く前にす
でに持っていなければならないというケースが多
い。誰からも公認される前に……誰からも公認さ
れようとすること自体が、許容されないケースが
多いということもあるが……要するに行動・思考
において、決断・判断を下さなければならない場
合、いつも人に頼ることが許されない。孤独な状
態で、誰からも参考意見を聞くこともできず、自
分一人で判断・決断しなければならないケースが
よくある。誰もがどのような場面でも、（それぞ
れの立場で）自分一人でだれにも頼らず責任ある
正しい判断・決断ができる能力を最低限、身に付
けていることが要求される（結果として、誰かに
聞く・何かを調べてから判断・決断を下す・誰か
と調整して修正〈微修正〉ということもあり得る
が……またそのようなことがなく仮に自分の判

断・決断〈選択〉がそのまま通ったとしても何ら
問題なく事が進むというものであるべきと考える
……人生は判断・決断〈選択〉の連続であり、そ
のすべての段階で間違いのない判断・決断〈選
択〉をしていかなければならない……その場合、
判断・決断〈選択〉の「確かさ」を保証するの
は、いわゆる外的・一般的・客観的な根拠ではな
く内的・個人的・主観的な「確信」〈経験によっ
て検証され裏付けされた〉によるのみである）。
そして、その能力の必要性は自分でも感じられて
いるものと思う（とにかく自分ではそう思わなく
ても、周りがそれをいや応なしに要求する。そし
て人生も一定期間過ぎると、誰も細部までいちい
ち手取り足取り教えてくれるわけではない。基本
的考え方をもとに、細かいことについては、自分
で会得していくべきものとして……自分に必要な
ことは、自分で揃えていく……誰も自分のことで
忙しくてかまっていられない……）。そしてそれ
らをクリアしないと上記の「大きなレベルの高い
価値のある仕事」に携わることは多分出来ないと

思う。人生では何もかも初めから最後まで「確かなこと」と確定したことばかりではなく、途上で不確定・不透明な状況というものはいくらでもあり、それらを避けることは出来ません。その状況を乗り越える際には、「賭け」的な要素もいや応なしに入ってくるものであり、仮定・仮説でもって進むことも余儀なくされます。それらを否定することは簡単ですが、現実的にどう対応するかについて、周囲が最善の対応を求めてくることは必至であり、その時に各人がそれに応えられるよう何らかの責任ある「内的確信」を持っていることが必須です……そのような時のために、参考となるものとして「M実践」を提示した次第です。その時こそ（その時ばかりではなく、常時）、責任ある決断と判断にも真価と威力を発揮するものとしての「M実践」の出番です……。そのような機会をとらえて「実績」を積んでいくことによって、自分の中で重要な位置を占める考え方として定着し不可欠な考え方となっていくものです……。これらは単なる考え方ではなく、経験に

よって裏付けされた経験則であり、間違っている
と批判されても、自分としては捨てがたいもので
す。人から必ずしも称賛されることもないかもし
れないが、自分の中では貴重な成功体験であり、
人にはどういわれようとも厳然として存在するも
のです。

以上のことより、自分としては、「M実践」は誰
にとっても最善のものと確信していますが、人に
よって、どのように受け止められるかはわかりま
せん。ただ推奨するのみです。もし誤った思想で
あると断ぜられても一向にかまわない所存です。
人の自由ですから。よければ採用、そうでなけれ
ば、ただちょっと見て通り過ぎて行かれたとして
も何ら言うことはありません。人の人生がかかっ
ていることであり、そんな簡単に、判断・決断で
きることでもないとは思います。が、以上述べた
ことの一端でも有益な知見として参考になるとす
ればそのようにしていただければと思います（そ
して、いいとこ取りでも構わないと思います、ま
ずいところは取り去って、おいしいところだけで

もあれば。途中でまずいものになった時にどうするか? その時こそ、各人の真価が問われる時であり、本源であられるGに立ち戻って、正しい判断と良い心でもって対処して頂くことを願うのみです。それ以上は言いようがありません)。

以上、弁解めいたことを長々と書きましたが、「M実践」をまた、別の平易な表現で表すと『何事においても、Gに、お伺いし、ご指示を仰いで事を進める習慣』ということです。

◤ ※私見

　人生における「M実践」、「M実践」と他の構成要素
との関係は下図のようにも考えられます。

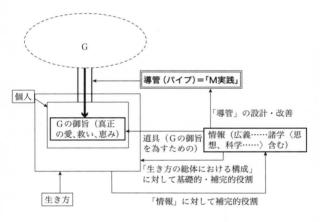

　上図に示すように、「M実践」をGと個人とを直接
つなぐ導管（パイプ）のようなものとして捉え、それ
を通してGの御旨が、直接に個人へ流れ入るようなも
のと考えることもできます。そしてそれ（導管）は、
人生に必要不可欠なものであると考えます（Gと人と

を直接つなぎ、生きるうえで必要不可欠なもの〈水や食料と同じように〉を得る〈給される〉ために誰もが持つべき〈欠かせない〉「最良」の「道具」として）。

〔また一方で、情報（広義の意味……諸学〈思想、科学……〉含む）は、各構成要素の基礎を作り、機能を果たす道具として重要な役割を担うものであり、どのような情報を得るか、どのような情報を発信していくかということについても腐心することは（Gの御旨を為すことの一環として、生きていくために、当然）必要なことではあると考えます（とはいっても、「情報」よりも「G」が第一に重んぜられるべきであることに変わりはありませんが……）〕

　　★情報源……外的情報（外的に得られる情報〈見る、聞く、読む、行動の結果、人との出会いなどによる〉）

　　　　……内的情報（自己の内部より産出される情報〈自動的に湧出または意識的思考によって得られる認識など〉）

［また更に言えば、「生き方」からの「情報に対する

補完的役割」〔情報（広義の意味……諸学〈思想、科学……〉含む）の進歩・発展・改善〕は、いつまでも継続的な努力を要する課題として永続的に存続するものであり、その究極目標は「誰もがより完全にGにお仕えすることが出来るよう、誰もがより完全にGの御旨を果たせるようにして、真の満足を得られるようにするため」ということであり、個人にとってもまたどのような組織にとってもの永遠の課題である……その課題を放棄することは、存在の意味を失うものであり、存続していくためには、この課題を背負っていくことが必須であると考えます〕

　自分の見解としては、前著・本書で提起したことについては、当然のことですが、全体丸ごと参考とされるべきものとは考えてはおらず、部分的に共感され納得されたことについてのみ（「M実践」以外においての考え方・教訓・言葉の一部においてでも、読者側の判断で）参考とされても可と思います。さらに、読者におかれて何ら一考の価値もないと思われるなら、それは読者の責ではなく、書いた自分の至らなさであ

り、人をとやかく言うものではないと考えておりま
す。

　以上、前著・本書を刊行していろいろと感じ入ると
ころ（教えていただいたことがたくさんあるように感
じる……人のために何か自分の知っていることを伝え
よう〈教えよう〉としたが、逆に自分の方が教えら
れてしまった）はあるものの、「M実践」に基づいて
(「M実践」における「真正の愛」が「愛」のなかでも
相手に対して「最も親切な愛」であると確信して迷う
ことなく）、結果をあまり気にせず（良くても悪くて
も見返りを求めず、与えきりとして）どのような場合
でも、自分の責務・使命を最善を尽くしてまっとうし
ていくのみであると考えております。

追補（V、W例）

▪ Gの「全能」について言及したことについて
「わたしの全能はどのようなものでもあてはまる、
制限というものはないのである、ゆえに死の床にあ
るものに対しては、来世の希望をもたせる、死の病
も治ることはある、どのような望みも叶えられない
ことはない、叶う時はわたしに感謝し、叶わずとも
必ずそれ以上のものを授ける、無駄にはならない、
わたしがすべてにおいて最善にあしらうことを信じ
なさい、無用な苦しみとか無駄な努力はわたしを信
じる上においては一切ない、望み以上のものを叶え
る、あなたがもっとも必要としたものである、わた
しはあなた方に最善の道を示す、叶う以上のことを
成し遂げる、わたしを信じることは全てにわたって
益がある、努力した以上のものを与える、わたしを
信じることは全てにわたって益があるのだから、安
心してわたしを信ずるがよい」
▪ Gへの人からの貢献は「愛、信仰、忠実な実践」で
あり他にはない

またＧより人への恩恵は「真正の愛、恵み、救い」であり他にはない。

　またＧへの貢献、Ｇよりの恩恵は永遠のものである。

- 苦難・困難・難題に直面した時に頼れるのは、Ｇ（もしくは既存宗教においてＧとみなされる方）、本書（Ｇとつながる具体的方法を示した）のみである……苦難・困難・難題に直面した時だけでなく常時頼れるのも同じである。

◤最後に

　ここまでいろいろと細かいことを書き連ねました
が、自分の著作（前著及び本書）において読者様に伝
えたかったまたは伝えるべき主要メッセージは（それ
だけでも読者様にお伝えできれば自分の著作の使命は
終わっているものと思いますが……）、下記のとおり
です。
※人生の努力目標・方向性を示すものとして、

『全能（人に対して「真正の愛」・「救い」・「恵み」で
あられ、かつそれらにおいて全能）であられるGがお
られ、その御方に各人の仕方で全力を尽くして「お従
いすること」が人の「責務」であり、他者に対する
「真の愛」であり、「幸福」（未来永劫それ以外の幸福
はない）である』

　このことを最後に申し述べて、「総括」としたいと
思います。

あ と が き

　拙著をご購入いただきまことにありがとうございます。

　人生六十余年の人生経験と知識をまとめた前著『再改訂新装版　座右の書』を刊行して間もなく本書を刊行することとなり、まことに慌ただしいここ数年を過ごしましたが、人生の生きがいを見失いそうになる年代として、社会貢献というものがいかに困難なものであるか、またいかに自分の人生の支えと充実に寄与するものであるかを実感しているところであります。

　自分の限られた経験と知識をもって貢献するには、テーマとしていささか自分の分を超えた身分不相応な過大なものであると思いつつも、自分にとって最大の関心事であり、また挑戦すべき課題として「使命感」を感じながら筆をとった次第です。
　余計なおせっかいであり迷惑と捉えられたとして

　も、自分としては抑えることのできない想いと感情で
あり、あらゆる過去の経験と知識及び自己が構築して
きた諸認識のなかで、必要と思われる事柄を全て披瀝
させていただきました。

　読者様各人におかれて、この書との出会いが幸いな
る生につながるものであることを念じて筆をおきます。

※本書の執筆にあたっては万全を期して臨んだつも
　りですが、読者におかれて内容に不備・誤謬があ
　ると観られる方もおられるのではないかと想定さ
　れます。が、その際は未熟な作者の不徳・能力不
　足・不注意によるものと察して頂き、寛大な御心
　にてご容赦いただきたくお願い申し上げます。
※本書の内容について参考とされる（試行される）
　場合は、自己責任において（損害賠償はできませ
　んので）参考（試行）としていただけますようよ
　ろしくお願い申し上げます。

　　　　　　　　　　　　　　　　著者　記す

昭和25年　富山県生まれ
昭和48年　地方大学工学部卒業
昭和48〜平成21年　建材関連会社

【著書】
『座右の書』（東京図書出版　2015年）
改訂新装版『座右の書』（東京図書出版　2016年）
再改訂新装版『座右の書』（東京図書出版　2016年）
『続・座右の書』（東京図書出版　2017年）

TTS文庫

座右の書・完結編

2021年11月12日　初版第1刷発行

著　　者　人生の生き方研究会
発 行 者　中田典昭
発 行 所　東京図書出版
発行発売　株式会社 リフレ出版
　　　　　〒113-0021　東京都文京区本駒込 3-10-4
　　　　　電話 (03)3823-9171　FAX 0120-41-8080
印　　刷　株式会社 ブレイン

落丁・乱丁はお取替えいたします。
ご意見、ご感想をお寄せ下さい。